AF275278

ANOTA CIONES A LÁPIZ

EMILIO GAVILANES

Primera edición en Newcastle ediciones,
Abril 2025

© Emilio Gavilanes, 2025
ISBN: 979-13-990118-1-4
Depósito legal: MU 378-2025

Diseño y portada: Cristina Morano
Maquetación: María Cerón Madrigal

Impresión: Estugraf
Edita: Newcastle Ediciones
Calle San Nicolás 25, 3ºD
30153 Corvera (Murcia)
newcastleediciones@yahoo.com
www.newcastle-ediciones.tumblr.com

"¡Qué tristeza esta de morir sin haber visto todos los paisajes, sin haber leído todos los libros!"
(J. R. Jiménez)

"Vivimos en la mente"
(Wallace Stevens)

"La materia afirma el espíritu y lo prueba; es su única prueba"
(J. Bergamín)

"... que las cosas sean realmente lo que parecen ser / y que no haya nada que comprender"
(F. Pessoa)

Cerca del barrio había una finca con almendros. Algunas tardes, cuando aún hacía frío, saltábamos la valla y nos colábamos en ella. Zarandeábamos alguno de los árboles más cargados de flor y caía una lluvia de pétalos que parecía no tener fin. Nos cubrían la cabeza y los hombros tan completamente que parecía que llevábamos una tela encima. Enseguida aparecía el guarda, con un perro, insultándonos, dando voces amenazantes y corriendo hacia nosotros. Nunca nos pillaba por sorpresa, pues sabíamos que en algún momento iba a aparecer. Nos daba tiempo a llegar a la valla, saltarla y ponernos a salvo. En nuestra carrera íbamos dejando un rastro de pétalos blancos y rosados que quedaban en el aire, cayendo lentamente. Cuando el último tocaba el suelo, nosotros ya no estábamos.

"No importa de lo que se trate. Sencillamente, oponte" (Bogart a Robert Mitchum).

Instrucciones para pintar un pollo: "Se coge el pollo y se le balancea varias veces de adelante atrás. Cuando se le vuelve a dejar en el suelo, permanece tranquilo durante cuatro o cinco minutos. Naturalmente, hay que abalanzarse sobre el caballete y pintar con rapidez antes de que el pollo se mueva. Pero eso es mejor que intentar pintarlo mientras se pasea por el estudio. Si queremos pintarlo de frente, el método se complica, porque como el animal tiene los ojos a los lados, cuando nos mira gira la cabeza. Yo al principio no sabía cómo resolver el problema. Por fin, me hice con un bastón largo y, después de colocar a mi modelo frente a mí y de colocarme yo frente al caballete, comencé a dar golpes con el bastón en la pared que había al lado del pollo. Entonces él volvía la cabeza hacia mí para mirar la pared. Era agotador" (Norman Rockwell *Autobiografía*).

Lo primero que hizo la Bella Durmiente cuando despertó fue ir corriendo al cuarto de baño.

"El camino más corto que conduce al conocimiento de uno mismo recorre el mundo entero", dice un proverbio chino. Es lo mismo que enseña la parábola del hijo pródigo y el precioso cuento hasídico del rabino Eisik.

Ruinas del monasterio de Monfero. Cielo despejado, día luminoso. De un tubo que sale de una pared y que parece venir de un canalón del tejado cae un chorro de agua. Pero no hay tejado. Hace tiempo que se hundió.

El monasterio aún escurre el agua que recuerda le cayó en numerosas y lejanas tormentas.

¿En qué momento de la historia dejaron los cristianos de ofrecer la otra mejilla?

Algunos de los epitafios que más me gustan:

"En el mes de Atir se durmió Leukíos" (Kavafis, poema LXVII).

"Allá donde ella estaba, allí era el Paraíso" (Mark Twain, *Fragmentos del diario de Adán y Eva*, escrito por Adán para Eva).

"Que no cubra sus tiernos huesos un duro césped, ni tú, ¡oh tierra!, peses demasiado sobre ellos. ¡Pesó tan poco ella sobre ti!" (Marcial, para Flaccilla, niña de seis años).

"Bajo el ancho y estrellado cielo / cavad mi fosa y dejadme yacer. / Alegre viví y alegre muero, / Pero al caer quiero haceros un ruego. / Que pongáis sobre mi tumba este verso: / Aquí yace donde quiso yacer. / De vuelta del mar está el marinero, / de vuelta del monte está el cazador" (Stevenson, escrito para él mismo).

"Adiós dulce tierra y cielo del norte, / benditos para siempre, pues aquí yació / y aquí corrió con miembros ligeros / bajo la luna, bajo el sol, / Lúthien Tinúviel, / tan bella que ninguna lengua mortal / puede decirlo. / Aunque cayese en ruinas todo el mundo, / y se deshiciera, arrojado de vuelta, / desvanecido en el viejo abismo, / aun así fue bueno que se hiciese / –el crepúsculo, el alba, la tierra, el mar– / para que Lúthien fuera por un tiempo" (Tolkien *El Silmarilion*).

Leo *En la muralla*, de Kipling, donde la joven Lalun (igual que su madre) está casada con un árbol. A las mujeres indias no se les permitía sobrevivir a sus maridos. Debían arrojarse a la hoguera cuando quemaban el cadáver. Para evitarlo, algunas mujeres se casaban en primeras nupcias con un árbol. Después eran libres de casarse con un hombre, al que ya no debían esa fidelidad suicida. Parece que esa costumbre de inmolarse con el marido también la seguían las mujeres macedonias en la época de Alejandro. En la que se considera la tumba de su padre, Filipo, apareció el esqueleto de una de sus jóvenes esposas.

Lo que resulta curioso es que de la costumbre india se deduce que los árboles son masculinos. En latín, en lenguas del Amazonas, o en leonés, por ejemplo, el género gramatical de los nombres de árboles, especialmente los frutales, es femenino (la nogal, la peral, la manzanal, la castañal...), creo que por razones evidentes.

Dice Frazer que para los antiguos semitas el que fuese de día o de noche era independiente de que el sol hubiese o no salido. En el *Génesis* se habla de días y de noches antes de que Dios hubiese creado el sol. Para ellos era de día y casualmente a la vez había salido el sol. Aunque el sol estuviese en el cielo podía ser de noche. Leo ahora un cuento de los iroqueses, "El tordo ermitaño", en el que ocurre eso mismo.

Los indios mandan —nombre de una tribu de pieles rojas de Norteamérica— tienen una tradición según la cual una vez al año venía de poniente un hombre de rostro pálido, que decía ser superviviente de una gran inundación que había cubierto la tierra. Este hombre, que decía llamarse el Hombre Solo o el Primer Hombre, venía a advertir a los indios que debían hacerle al agua la ofrenda de una herramienta aguzada o se desbordaría e inundaría el mundo. Los indios le daban cuchillos y hachas como las que él había usado para construir la canoa con que escapó de la inundación.

En la Edad del Bronce europea se hacen ofrendas de armas a las aguas. Hay muchos hallazgos arqueológicos que lo demuestran. Excalibur es una de esas armas ofrendadas. ¿Por qué?

Me encantan las canciones de los Rolling Stones, cuando acaban.

En la facultad un profesor una vez nos habló de la perplejidad que le había causado siempre el dicho "confundir el culo con las témporas", que sirve para expresar que dos cosas no tienen absolutamente nada que ver. Según él debería haber una explicación lógica para que se haya llegado a comparar dos cosas tan alejadas. No podía creer que fuese por pura arbitrariedad. Tenía que haber una relación secreta. A él se le ocurría una explicación: tal vez se diga "témporas" por equivocación con "temporal", que es el hueso de las sienes. Así se comparan dos partes del cuerpo bastante distantes. El dicho se aplicaría en los casos en que se confunden dos cosas casi opuestas.

En *Gracias y desgracias del ojo del culo* escribe Quevedo: "¿Qué tiene que ver el culo con el pulso? Como si dijeran de una cosa que no da cuidado ninguno y muy con verdad comparándole a otra que de cada accidente se desconcierta." Quizá aquí está la explicación. Las témporas son los tiempos de ayuno al comienzo de cada una de las estaciones. Tal vez las témporas, el ayuno, remiten a algo tan delicado, tan preocupante, como el pulso: el hambre, o el estómago. Confundir el culo con las témporas es confundir algo que "no da cuidado ninguno" con algo que requiere la mayor atención, que no da más que cuidados y problemas. Es confundir algo que no tiene importancia con algo que la tiene máxima.

Lo que hace imperfecta la vida no es que muramos. Es que no resucitemos.

Es de noche y hay tormenta. De repente cae un relámpago y todo se ilumina durante un instante. Se ven las nubes silenciosas, invisibles en la oscuridad. Las mismas nubes que había por la tarde. A oscuras siguen componiendo para nadie las mismas figuras arbitrarias. ¡Qué sensación tan extraña! Por un momento la noche, una presencia tan rotunda, es una mera ausencia de luz.

Hablo con un alemán que pasa unos días en Sanabria (se aloja en Galende). Pinta y escribe. Tiene un aspecto bohemio. Conoció esta zona por casualidad. Un año que iba a Lisboa pasó por aquí y le gustó. Dice que la vegetación, el paisaje, los colores, le recuerdan a Irlanda. Cuando volvió a Alemania se lo contó a sus amigos. "Oh, Sanabria", dijo uno de ellos, "la región más pobre de Europa. Yo tengo un libro sobre Sanabria". Era el de Krüger, que aún no estaba traducido. El título sería *La cultura*

material en Sanabria. Dice que, aunque es muy antiguo
–es de los años veinte–, es muy completo. "Solo le he
visto un fallo", me dice.

–En un capítulo habla de la casa. La describe bien.
La planta de abajo para el ganado y la de arriba para la
vivienda. El hogar, las camas y demás, todo junto. Pero
habla de un agujero que hay en el suelo de la vivienda,
que dice que sirve para vigilar al ganado por la noche, por
si hace algún ruido. A mí esta explicación no me parecía
buena. Un campesino, por el ruido, sabe lo que le pasa
al ganado, sin necesidad de mirar. Yo siempre me había
preguntado dónde tenían el servicio. Y he preguntado y
me han dicho que aquel agujero hacía de servicio por las
noches. Así no tenían que bajar ni que salir. No sé por
qué, para Krüger explicar esto era un tabú.

Yo no creo que el tabú esté en Krüger. Seguramente
él no hizo sino transcribir las explicaciones que le dieron.
Sería un tabú para sus informantes.

Mañana de invierno. Ha llovido durante toda la noche
y el camino está lleno de charcos. Al pisarlos, el polvo del
fondo se alborota y asciende lentamente en formas que
imitan las nubes de verano. El pequeño charco reproduce
en su interior, en miniatura, como en un experimento de
laboratorio, las gigantescas, aparatosas e ingrávidas mon-
tañas de las que procede.

Quien ha estado en el Infierno sabe que el resto del mundo es el Paraíso.

En un ensayo titulado *La forma del corazón* Robert Graves afirma que antes de que se asociase el sol con el hombre y la luna con la mujer, hubo una época –la del matriarcado feliz– en la que la situación era la contraria, algo que en su día leí con escepticismo, pues la vinculación de la luna a la mujer está muy arraigada, entre otras cosas porque el ciclo lunar dura lo mismo que el ciclo menstrual, coincidencia que siempre ha parecido significativa. Pero me encuentro indicios de que es cierto lo que dice Graves:

El género gramatical de la palabra que en árabe designa a la luna es masculino, y femenino el de la que nombra al sol.

En una leyenda esquimal el sol en su origen es una mujer y la luna un hombre. (Había una mujer que era visitada por las noches por un hombre cuya identidad desconocía. Una noche se untó el pecho con aceite y ceniza. Y a la mañana siguiente descubrió que era su hermano quien tenía la mancha. Para castigarlo, lo persiguió con una antorcha. Él huyó por el aire y desde entonces ella lo persigue sin descanso, transformado cada uno en astro.)

Lo único que demuestra la prueba atlética entre Aquiles y la tortuga es que el infinito no existe. No hay una cosa a la que podamos dar el nombre de infinito. El espacio no se puede dividir indefinidamente. A partir de cierto momento, en el medio de la última subdivisión solo caben palabras. No realidad. Por eso Aquiles adelanta a la tortuga en dos zancadas, por mucha ventaja que le dé. Infinito no es más que una palabra.

Coge dos cosas exactamente iguales. Dales dos nombres diferentes. No volverás a pensar que son iguales.

A cualquiera que vea manejar una guadaña se le ocurre la asociación de la guadaña con la muerte. Las cañas juntas unas de otras, temblorosas, recuerdan enseguida a una multitud. Cuando la guadaña las golpea abajo, la sensación que da es que las cañas primero caen de rodillas (pierden altura sin perder la verticalidad) y luego se derrumban apoyándose unas en otras, como cristianos, no como objetos sin alma.

No hay Infierno. O como dice alguien en uno de los divinos artículos de Cunqueiro, "El Infierno está vacío". Es pura creación mental para salvar la simetría del mundo.

Sufrir envilece. Es malo, digamos. Pero haber sufrido, no.

El episodio de San Jorge y el dragón —ausente en las más antiguas versiones de la vida del santo— suele interpretarse como un mito solar: el triunfo de la luz sobre la oscuridad, del orden sobre el desorden, de la inteligencia sobre las tinieblas. Si solo hubiese lucha con un dragón en el relato, no habría objeciones. Pero hay otro personaje: la doncella. Ella es la que hace pensar que se trata más bien de un mito agrario. No de un mito del solsticio de verano —máximo triunfo de las potencias diurnas sobre las nocturnas, del sol sobre la noche—, sino del equinoccio de la primavera, cuando la vida reaparece tras el sueño invernal.

El relato recuerda el cuento de Perrault de *La bella durmiente*. En el cuento, la princesa es raptada por el sueño, el reino del inconsciente, del caos, simbolizable mediante un dragón.

La intervención de un caballo en el relato de San Jorge parece ajena al núcleo original (de hecho, en la iconografía del episodio no siempre aparece). Aquí sí se ha mezclado un mito solar. Al héroe solar sí es posible que le haga falta un caballo (que simboliza el vehículo de conocimiento).

Ahora bien, ¿por qué un dragón, un lagarto, un reptil? Seguramente cualquiera de ellos simboliza el espíritu de la tierra. Y hay que matarlo, derramar su sangre (la esencia de la vida) para que esta comunique su vigor a la tierra y brote de ella de nuevo la vida.

El nombre Jorge deriva del griego *georgós*, 'cultivador'. En la versión más antigua de la vida de San Jorge se incluía un episodio en el que el santo reverdecía y hacía fructificar unos tronos de madera. Por otra parte, el nombre árabe de Jorge, *Khidhr*, quiere decir 'verde'. Donde Khidhr pisaba o se sentaba, la tierra se llenaba de verdor.

En un ensayo titulado *Mi viaje al Paraíso*, en el que Robert Graves cuenta su experiencia con una droga sagrada, dice que gracias a su conocimiento de las mitologías céltica y de Oriente Medio sabe que el camino que conduce a muchos paraísos empieza bajo el agua, que es lo primero que sintió él –que se encontraba bajo el agua– después de ingerir la mencionada droga. Después el camino pasa por un largo túnel, que acaba por fin en el Paraíso.

Todos –o casi todos– hemos conocido una experiencia similar: el nacimiento por vía natural. La sumergida estancia en el líquido amniótico, el paso a través del cuello uterino y la salida a un lugar hecho de luz, de colores, de sonidos, de sabores... Mediante esta interpretación, obtendríamos que el Paraíso es este mundo, esta misma tierra. Este mundo sería el otro.

Imaginemos a un tipo sentado en una silla y que él mismo sostiene en el aire la silla tirando hacia arriba del asiento. Así el universo.

Un torero de segunda, un tal Miguelín, se ha intentado suicidar clavándose unas tijeras en la ingle. Ha querido morir de una cornada. Ha intentado ser su propio toro.

"Aprendí a amarte desde mi infancia, / hembra, que en mi espanto me parecías / contener una tarántula", dice Ivo Lêdo en un poema. Esa tarántula es el pubis. Chumy Chúmez durante la guerra vio una vez en un ataúd una araña enorme. Después vio a una mujer desnuda y le pareció que llevaba en el vientre aquella misma araña.

"Victor Hugo, che, ese gallego insoportable; el lector ya se ha ido y él sigue hablando" (Macedonio Fernández).

Mircea Eliade, *Fragmentos de un diario*. Los dioses se posan un instante en cualquier punto, pero no se resignan a quedarse mucho tiempo. Mariposas inquietas. Una flor, una montaña, una piedra, un cadáver, un bosque, un asceta, un libro. Cualquier cosa recibe su efímera visita. Una mujer, una cabaña, la orilla de un río.

Cuenta que le contaron que en algunos campos de concentración alemanes quien amanecía con un piojo se quedaba toda la mañana en los baños hasta quedar limpio. No iba a trabajar. Así se formó un mercado negro de piojos dentro del campo.

"Oh, Señor", decía Cansinos, "que no haya tanta belleza".

Cuento judío: Un actor mediocre, de Nueva York, recibe un día la oferta de Zanuk de protagonizar su nueva película. "Bueno", le dice Zanuk, "aún no es seguro. Si el sábado a las 12 de la noche no te ha llegado un telegrama en contra, serás mi estrella." El actor se queda muy deprimido porque piensa que al final no se lo van a dar. "Qué ocasión", piensa, "y no la voy a poder aprovechar". Es jueves. Pasa el jueves, pasa el viernes y el tipo empieza a animarse. Llega el sábado. No le han enviado ningún telegrama. El tipo se va entusiasmando. Invita a sus amigos a una fiesta en su casa. Llega la noche y no hay novedad. El hombre está que revienta de gozo. Las once. Lo celebra por adelantado. Todos se solidarizan con su alegría. Once y media. Ya casi tiene el trabajo en el bolsillo. A las doce menos cuarto suena el timbre. Traen un telegrama. Lo coge. Lo lee. Todos esperan. El tipo suspira aliviado.

—¿Qué es? —le preguntan, ansiosos.

—¿Eh? ¡Ah, nada! Que se ha muerto mi madre.

J. G. Ballard, *El imperio del sol*. A Jim ya no le hace tanta gracia la guerra como al principio. Quiere que se acabe pronto. Esa misma tarde, Shangai sin pobres parece más miserable. Muchos cadáveres bajan flotando por el río, el Yantsé. Se detienen alrededor de los pilares de los puentes. Cadáveres hinchados. Como si el Yantsé los hubiese alimentado. También flotan en el río flores de papel. Algunas encallan en los cadáveres. En algunos tramos el río parece una pradera, un jardín flotante. Cuando el barco japonés parte río abajo, hay muchos cuerpos a su alrededor, rodeados a su vez de flores de papel. Acaba la guerra. En la habitación, aviones de juguete colgados del techo, agitados por el aire, como peces que han aprendido a volar. En la guerra no había enemigos. La guerra no cambia nada. Todo sigue igual y además más viejo. La piscina se vació. Quedó al descubierto el misterio de su fondo.

Cuenta Borges que Mastronardi usaba el apellido del poeta Capdevila como expresión de una medida muy pequeña. "No tengas el menor Capdevila de duda." Una vez le presentaron a una mujer muy guapa que se apellidaba Vega Platero, y al estrecharle la mano Mastronardi le dijo "Quién pudiera decir Platero y yo".

Pareja de jóvenes. Nadie sabe que se cogen la mano desde hace diez minutos.

También los niños tienen su droga, su manera de alcanzar la embriaguez: giran como derviches, dan vueltas y vueltas sobre sí mismos hasta que consiguen que se tambalee la terca realidad.

Una de las objeciones que se le suele poner a los viajes literarios al futuro o al pasado es que cualquier modificación que se haga en lo que ya ocurrió o en lo que ha de ocurrir repercutirá en el presente y lo modificará a su vez. ¿Y quién dice que esos cambios no están ocurriendo? Esas muertes repentinas, esos accidentes inexplicables, esas exaltaciones que nos acometen, quizá todo eso sea consecuencia de viajes por el tiempo.

Todos nacemos con una capacidad mental (inteligencia, memoria), con una configuración física (belleza, salud) y con una capacidad económica. Las tres, no solo la última, determinarán nuestra vida. Y las tres son heredadas.

Se nos dan antes de que podamos demostrar si las merecemos o no.

Finales de mayo. Salgo y subo la montaña de mi barrio. Lo que llamamos la Montaña, que realmente no es una montaña. El sol calienta con fuerza. El verde del campo empieza a debilitarse. Me agacho a ver de cerca las flores amarillas del jamargo, el rojo de las amapolas. A esta distancia las veía de pequeño. Qué cerca estás, de niño, de todo lo que hay en el suelo.

Por el camino aún se ve algún charco. Tal vez no se haya secado el de los renacuajos. Los descubrí hace dos semanas. Negros, muy pequeños. Moviéndose de un lado para otro, sin ir a ningún lado, yendo y viniendo, cruzándose unos con otros. El tiempo era seco y creí que morirían en unos días (en un extremo del charco ya habían empezado a hacerlo). Pero llovió toda la semana y cuando volví siete días después el charco era más grande y los renacuajos habían crecido. No todos. Algunos estaban como afectados de raquitismo, pero el resto habían doblado su tamaño. La mayoría estaban cerca de la orilla. Desordenados y quietos. Parecían un puñado de clavos que se le hubiesen caído a alguien. Hoy habían crecido un poco más (todavía los hay minúsculos). Pero es difícil que vuelva a llover. Con este calor, el charco se secará en tres o cuatro días.

Me aparto del camino para subirme a un montículo desde el que domino el aeropuerto y todos los pueblos lejanos. Cerca, la vía del tren. Me rodea un campo ondulado que parece interminable. En el verde hay salpicaduras de amarillo, rojo, morado, blanco... Hay muchas hierbas sin nombre, pobres, feas.

Una semana después vuelvo a visitar a los renacuajos. Por el camino hay muchas orugas. Negras, peludas, repugnantes. Al principio evito pisarlas. Pero hay tantas que es imposible. Dejo de mirar por dónde piso. A un lado del camino hay un cardo medio seco, tomado por las orugas, arracimadas como frutas.

El calor ha partido el charco de los renacuajos en dos. En el primero no hay ni uno solo. Está lleno de orugas, que flotan solas o en grumos, unas quietas, otras agitándose. El aire las lleva a la deriva. En el segundo charco sí hay renacuajos. Pero pocos. Y casi del mismo tamaño que hace una semana. No han prosperado.

Un lagarto verde, casi de medio metro, cruza el camino. Al fondo, un montecillo, con la ladera llena de amapolas. Como si hubiesen descargado desde arriba un cargamento de ellas.

Una semana después subo de nuevo la montaña. Al fondo, la sierra, aún con manchones de nieve. Al principio del camino veo a un escarabajo pelotero. Empuja una bola de estiércol cuatro veces más grande que él. La empuja cuesta arriba. Al llegar a la mitad rueda cuesta abajo con la bola. Se orienta enseguida y vuelve a empujar la bola hacia arriba. Sube y vuelve a caer rodando. Así tres o cuatro veces. Pero no desiste. Tomo referencias para ver si cuando vuelva sigue ahí. Qué movimientos tan nerviosos, qué desasosegante.

Hay alguna oruga por el camino. Más grandes que la semana pasada. Igual de repugnantes. Son muchas menos. Hoy cruzan el camino de norte a sur (la semana pasada era al revés). Más allá veo los primeros charcos, secos. Llego al de los renacuajos, también seco. Ahora se ven hormigas, una araña, moscas, avispas, una aceitera. ¿Habrán dejado restos los renacuajos? No los veo. Me agacho. Desde cerca se ve lo que queda de ellos. Manchas negras como sombras. Algo más pequeñas que los seres vivos que fueron. Son cientos. Están concentrados en un espacio de unos palmos.

Sigo por el camino y me encaramo a mi montón de tierra. El campo va olvidándose ya del verde. Los aviones, a lo lejos, parecen de juguete. Las amapolas se van cansando de su color. Canta un grillo.

A la vuelta ya no está el escarabajo.

Una semana después las hierbas ya están amarillas. Estos últimos días ha llovido bastante y se han vuelto a formar los charcos de hace dos semanas. Me paro en el de los renacuajos. Espero que por algún milagro aún haya alguno vivo. Ni rastro, claro. Veo un escarabajo en el fondo. ¿Se ahogan los insectos? ¿Se mueren de hambre en el agua? Este, desde luego, está muerto. Rescato del agua a una hormiga, a una oruga y a otro bichito, que no dejaban de retorcerse.

A la semana siguiente las hierbas están quemadas. Veo a lo lejos unas manchas blancas que hacen un efecto precioso. Son cabezas de cardos que hace poco eran moradas.

Hay muchísimas mariposas. Anaranjadas y con puntos negros. Por debajo marrones. Cientos. Volando y posadas en el suelo. ¿De dónde saldrían tantas? Hay algunas en un charco, acostadas en el agua. Al fin caigo. Estas bonitas mariposas son aquellas repugnantes orugas negras y peludas.

Una semana más. Finales de junio. Veo una mancha verde brillante en el suelo. Cuando paso a su lado se rompe y se dispersa. Eran moscas. Dejan a la vista un excremento. Una solitaria mariposa, como desorientada, parece buscar a las demás. Los charcos no se han reducido. En uno de ellos hay caída otra mariposa. La cojo de un ala y la seco. Mueve las patas. Está viva. Vista desde cerca, es la misma oruga repulsiva. La suelto para que vuele. Cae pesadamente. La he salvado de disolverse en el agua para que seguramente se deshaga en la tierra.

Lo mejor de muchos museos es lo que se ve desde las ventanas.

Ese instante, cuando el gorrión levanta el vuelo, en que la sombra se independiza y vuela por el suelo.

El círculo como forma sagrada. Dice Alce Negro que la cabaña del indio es como el nido y como el mundo. Redonda. Alce Negro despreciaba las casas con esquinas de los blancos. Casas inhabitables en las que nunca se alojaría un dios.

Entre los lapones, el que mataba a un oso quedaba contagiado de una fuerza excepcional que podía hacer daño a los otros. Debía permanecer tres días alejado del poblado. Y si se le quería mirar había que hacerlo a través de un anillo. Ese anillo impedía el paso a las fuerzas del mal.

Febrero. Día en Aranjuez. Por la mañana la primavera se pone en pie. Pero por la tarde, agotada por el esfuerzo, se derrumba, y hace un frío del demonio. Mientras algunos se quedan en una cafetería, me doy un paseo con Lucía de la mano por un mercadillo. Pañuelos, calcetines, figuritas de cerámica, de vidrio, velas, juguetes... En una mesita mínima hay seis montones de libros. Casi todos son ejemplares de un mismo título, *Diccionario del amor*, de Federico Bravo Morata. Se ve un catecismo, un libro de versos en una de esas tristes ediciones de autor, algún folleto. Levanto la primera capa y queda al descubierto *Viaje, duelo y perdición*, de Dieste, en la edición del 45, de Buenos Aires. Me apresuro a cogerlo, porque un tipo se queda mirando (aunque no creo que fuese eso lo que miraba). Reviso todo lo que hay en la mesa a la vez que pregunto cuánto valen. "Cien pesetas." Me pongo nervioso. Aparece *La vieja piel del mundo*, también de Dieste, en la edición del año 36, poco antes de la Guerra Civil. Una novelita de González Ruano, *La canción del recuerdo*, que ya tenía, pero que por ese precio... Y *Tifón*, de Conrad, en una edición del año 48 que también incluye unos cuentos que no se han vuelto a editar en español. Al ir a pagar temo que la mujer se dé cuenta y me diga que los de Dieste no. Que esos naturalmente tienen otro precio. Le tiendo los cuatro libros para que me los meta en una bolsa y me dice "Bueno, trescientas". ¡Aún me baja el precio! Cuando me alejo, ya más tranquilo examino los libros. *Viaje, duelo y perdición* tiene una dedicatoria autógrafa de Rafael Dieste, fechada en Rianxo en el año 64, al poco de volver a España, con una caligrafía bellísima ("A Inocencia y Mariano, testigos (¡y ejemplo!) de lo mejor que he puesto de Galicia y Castillla en este libro, de Carmen y Rafael"; la estoy repitiendo de memoria y no sé si es exactamente así). *La vieja piel del mundo* me estaba esperando, era su destino. En la segunda página está escrito a mano el nombre de su primer propietario (con una fecha –9-IX-37– y un dibujito misterioso). "C. R. Gavilanes." Increíble. (¿Quién era esta persona, que en plena Guerra Civil tenía el humor de hacerse con un libro tan delicado, tan poco de pasar el rato, y que además se apellidaba como yo?).

Los mejores cuentos de guerra que conozco son los de Isak Babel (aunque la mayoría no son de guerra, sino más bien de cuartel) y, sobre todo, los de Ambrose Bierce. Qué escenas tan vívidas pone este hombre ante el lector. Realidad, no realismo. Leemos la retirada del pelotón, cuando está caído el gobernador, en *Un asunto de avanzadas*, y vemos todo como si estuviésemos presentes. Con cuánta inteligencia organiza ese párrafo. Nunca da visiones de conjunto de ninguna gran batalla. Aparecen esquirlas, aledaños de ellas. Siempre mira a un lado. Pero esa posición marginal, sin embargo, se ve debilitada porque los cuentos siempre son redondos. Tal vez ganarían en intensidad si los acabase antes de esa sorpresa final que suele reservarnos. Les da literatura, pero les quita vida. El desarrollo, el avance de esos cuentos es insuperable. Hacen innecesario que al final haya una pirueta. En *Chickamauga*, por ejemplo, sobra que el niño encuentre su casa destrozada y a su madre muerta. Parece añadir horror, pero seguramente lo disminuye. Basta con que se aluda con indiferencia, de pasada, a que es sordo. El Hemingway de *Una historia natural de los muertos* creo que está aquí. Y Stephen Crane, en sus pocos cuentos de guerra, me parece que bebe de Bierce. Jack London tiene un cuento que se desarrolla en la guerra de Secesión (creo que solo tiene ese), con un título muy ambicioso, *La guerra*. Es un episodio de apariencia menor, pero que explica muy bien lo que anuncia el título. Un jinete atraviesa un claro. Lleva un pequeño saco colgado de la silla. Alguien le dispara. Cuando cae, se desparrama el contenido del saco, manzanas. Frutos limpios, sanos, hermosos, que necesitan de tiempo y cuidados para madurar, recogidos pacientemente, de repente tirados y dispersados por el suelo, donde se pudrirán. Conrad también tiene un cuento corto en el que la guerra sale de una manera contundente. Es *El alma del guerrero*, donde el ejército de Napoleón (o sus restos) se retira de Rusia. Pasamos frío leyéndolo. Estamos allí. Con qué sabiduría nos hace ver el movimiento de una masa. (Imágenes magníficas de movimientos de masas hay en De Quincey, *La rebelión de los tártaros*, un pueblo entero en marcha recorriendo kilómetros y kilómetros, hostigados, en busca de un lugar donde detenerse; en un cuento de Robert E. Howard –el autor de *Conan*–, en el que un anacoreta ve desde su cueva en la montaña el inmenso ejército de asiáticos que se acerca para invadir Europa; en Thomas Berger, en su maravillosa *Pequeño gran hombre*, donde vemos las inmensas llanuras hasta donde alcanza la vista cubiertas de búfalos –no se ve ni una porción de suelo–, en una página inolvidable...).

Presentación de una antología de microrrelatos en una escuela de escritores. Mientras esperamos, en una mesa un profesor corrige un trabajo de una alumna que casi le dobla la edad. "Esto lo tienes que reescribir", le dice él. "Sí, sí", acepta ella. El profe sigue pasando páginas. "Mírate en casa lo que te he anotado." "Y estas frases", dice ella con timidez, "¿te han gustado?". Él reflexiona un buen rato. "Me podrían llegar a gustar." (La frase es genial, qué eufemismo, qué circunloquio para decir que no.) "Depende de lo que vaya delante y de lo que vaya detrás", sigue con aplomo. El tío es un genio de la elusión. A mí me parece un simple estafador. A escribir se puede aprender. ¿Pero se puede enseñar? Lo dudo.

En la miniserie *Chernóbil* hay una secuencia que pertenece al género fantástico: cuando desalojan la ciudad, metiendo a la población en autobuses, los soviéticos suben a ellos en colas ordenadas. Nadie se cuela ni empuja. ¡Ja! Ahí se ve que la serie es americana. Cuando estuvimos en Rusia, jamás, jamás vimos una cola que respetara el orden en el momento de subir al tren, al autobús o a lo que fuera. Los rusos (imagino que todos los soviéticos) son, esencialmente, seres que se cuelan.

Salí a la calle y comprobé que mis amigos se habían ido no sabía a dónde. Estaba solo. Volví a casa. Pero la soledad sin amigos es absoluta, dramática. Cogí *Peter Camenzind*, que había conseguido hacía poco y me fui a la Montaña con él en la mano. Mientras caminaba, leí la contracubierta: aire libre, juventud, vagabundeo por caminos solitarios, nubes de verano, lejanos horizontes... La novela reproducía mis sentimientos.

No leí nada del libro. Pero con él en la mano, me sentía cada vez más inspirado. No me crucé con nadie. Nunca un libro me ha hecho tanta compañía y nunca me ha hecho soñar tanto. Un libro que no leí.

El psicoanálisis es en conjunto una gran obra poética que ve el mundo como metáfora. En el psicoanálisis, como en la poesía, todo es otra cosa, rasgo que comparten ambas disciplinas con las historias policiacas, en las que las cosas nunca son lo que parecen.

Con el tiempo he acabado leyendo más libros sobre el circo de los que me imaginaba: Anelio Rodríguez Concepción: *Historia de Mr. Sabas, domador de leones, y su admirable familia del circo Toti*; Ana María Shua: *Fenómenos de circo*; Sebastián Gasch: *Domadores*; Dylan Marc-Pierre: *Historia del circo Barnum*; Alfredo Marquerie *Un mes con el circo*; Javier Sainz Moreno: *Cuaderno de circo*; Ramón Gómez de la Serna: *El circo*; Volatín: *Ases y figuras estelares del alambre*; Jaime de Armiñán: *Biografía del circo*; Jaime Ferrán: *Tarde de circo*; las memorias de Charlie Rivel, las de Joseph Grimaldi...

Cuando tenía once años nos llevaron a mi hermano pequeño y a mí a ver el Circo Ruso. Tenía fama de ser el mejor circo del mundo. Grande, desde luego, era. Enorme. Creo recordar que había varias pistas. Tenía acróbatas, caballistas, trapecistas, domadores, payasos... Recuerdo especialmente un combate de boxeo entre dos osos, los osos de Nino Filatovo, o algo así. Fue penoso.

A mí el circo me parece un espectáculo esencialmente triste. Una vez hablé con Volatín, un funámbulo retirado, y prácticamente solo habló de caídas, de golpes, de lesiones.

Un año, al final del verano, vino a un pueblo cercano al nuestro un circo muy pequeño. La carpa era mínima. Parecía una tienda de campaña. En los carteles anunciaban, como lo más extraordinario, un camello de Mongolia. Yo iba a ese pueblo todas las tardes dando un paseo en bicicleta y siempre veía en las afueras, en un prado apartado, como escondido, al camello pastando. En sí el bicho era raro. Pelirrojo, con dos jorobas, una especie de enorme barba (visto de frente, tenía cara de rockero jubilado)... Su presencia transformaba aquel paisaje en el que se encontraba en un lugar lejano, exótico. Viéndolo uno se sentía en las llanuras de Mongolia. Pero por otra parte también se producía el efecto contrario. La familiaridad que yo tenía con el paisaje convertía a aquel extraño animal en un simple herbívoro, una especie de oveja, o de caballo, una mera vaca.

Se ha atribuido mucha filosofía, mucha "mística", a la anotación que Kafka hace en su diario el 12 de agosto de 1914: "Alemania ha declarado la guerra a Rusia. Por la tarde, Escuela de Natación". No le da ninguna importancia a la Gran Guerra, dicen muchos, asombrados. Pero cómo va a saber que va a durar cuatro años y que va a pasar a los libros como la Primera Guerra Mundial, o la Gran Guerra. Esa anotación lo que expresa es desconfianza hacia las cosas que empiezan. El comienzo de algo es in-significante. Por mucho que lleve en sí el germen de todo lo que será, el comienzo está aún tan cerca de la nada, del no ser, tan indiferenciado del todo del que parte, que puede ser cualquier cosa. En cierto modo, sigue siendo todo. A medida que avanza se va reduciendo y siendo más una única cosa. Es en los finales donde se deben em-plear las inteligencias finas y sutiles. Ahí sí hay algo es-pecífico, diferenciado, que hay que analizar y diseccionar con delicadeza.

Siempre me desconcertó que Kafka dijese que en sus escritos hay mucho humor y que cuando leía *La meta-morfosis* a sus amigos había pasajes en los que tenía que parar de leer porque la risa no le dejaba seguir. ¡*La metamorfosis*!, que es una historia tétrica. Pero leyendo los diarios, en esas siete versiones sobre su educación, sobre quienes le han perjudicado en su educación, en-cuentro que tras la aparente seriedad y gravedad hay mucho humor. No es que a mí me haga mucha gracia. Pero entiendo que por debajo de todo lo que dice hay una ironía y una voluntad humorística.

Cerillas *made in China*, compradas en un bazar. En-ciendo una y queda en la habitación el rastro de un aroma exótico, una hebra del olor de las vigas que ardieron en los palacios de la Ciudad Prohibida durante la revolución.

Todo lo que dice la lengua es afirmación. La lengua, por su propia naturaleza, es afirmación. Es imposible negar, como quería García Calvo. La negación es una afirmación secundaria. Cuando decimos NO, estamos afirmando que SÍ es una cosa distinta de SÍ. NO es una variante de SÍ.

Contaba Antonio Pereira que cuando él empezó a escribir, muy joven, enviaba sus poemas a algunos poetas consagrados. Algunos le contestaron. Recibió cartas de Aleixandre (en España todo el que escribió un verso debió de recibir una carta de Aleixandre) y de Salinas. Él le explicaba a su padre que eran poetas muy muy importantes. Y su padre le decía: ¿Y Pemán? ¿No te escribe Pemán?

Janouch es un apóstol de Kafka. No ha leído sus libros ni lo quiere hacer, no le interesa. Él conoció a la persona, que está muy por encima de todos sus libros. Cuando los estudiosos de Kafka vienen a preguntarle, se escandalizan al saber que no ha leído *El proceso*, ni *El castillo*, ni *América*. Solo ha leído algunos cuentos, que no le dicen gran cosa. Él no quiere rebajar al Kafka que conoció. Teme que sus libros estropeen o invaliden o nieguen la imagen que él guarda de aquel santo. No le interesan las complejidades de la obra de Kafka, de las que le hablan. Sin embargo, aunque él no sea muy consciente, lo que él recuerda es más sutil y más arduo aún. Brod impidió que Kafka fuera hoy conocido, gracias a Janouch, como un maestro oral, como Buda, Cristo, o Sócrates.

Qué enorme desconcierto nos produce saber que alguien va diciendo de nosotros que somos malas personas. No que le caemos mal, o que no le resultamos simpáticos. No. Que somos mala gente. Incluso si quien lo dice es una reconocida mala persona. Porque siempre acabamos preguntándonos: ¿será verdad? Y esa sola pregunta ya le da la razón.

Kafka le dice a Janouch, cuando este le muestra su cartera llena de libros que acaba de comprar: "No pierda el tiempo con las novedades. Todo esto es efímero. Lea a los clásicos. Lea a Goethe". Pero no todas las novedades son efímeras. También Goethe fue novedad en su momento. ¿Quién era clásico en época de Goethe? Seguramente alguien cuyo nombre hoy no nos suena. ¿Qué hacer? ¿Cómo orientarse en la selva de las publicaciones? Pues no hay manera de orientarse. Lo que dentro de unos años se considerará clásico e imprescindible en la historia de la literatura no tenemos ni idea de qué va a ser. Leer pensando en el futuro es como vivir pensando en quien serás dentro de años (cuando quizá ya no estés). Hay que leer lo que a uno le hace disfrutar, lo cual no quiere decir cosas ligeras, porque a cada uno le hacen disfrutar cosas distintas. A unos, libros muy complejos. Y a otros, libros muy sencillos. Al fin y al cabo, lo que eres.

¿Uno se comporta tal como piensa? ¿Eso es verdad? ¿No será más bien que piensa como se comporta? Uno nace con un tipo fisiológico, un temperamento, un carácter, que determina su comportamiento. Después va acomodando sus pensamientos a su manera de actuar. Nuestra moral no es una decisión nuestra. No es nuestra.

Hay como una ley de contagio o atracción de pensamientos y acciones. Dice Marañón que en el Siglo de Oro había como una atmósfera de locura en la sociedad española. Eso explica la conquista de América, episodios como el de Lope de Aguirre. O pensemos en los anacoretas que de pronto poblaron en el siglo IV la Tebaida (la egipcia, y la del Bierzo, mucho después). O en el apoyo que tuvo el nazismo. ¿No serán nocivas tantas películas de psicópatas?

García Calvo alguna vez llamó la atención sobre aquel breve poema de Machado, en *Proverbios y cantares*, en el que dice que Aquiles era el más fuerte porque era el más fuerte. Es decir, Aquiles era el más fuerte no por razones morales (no era mejor persona), ni porque fuese más listo, o porque tuviese razón o fuese más justo, o porque los dioses estuviesen de su parte. Aquiles era el más fuerte porque era el que más fuerza tenía.

El anciano se queda mirando un pruno en flor. No sabemos si le recuerda algún episodio de su vida o si se está preguntando cuántas veces más lo verá florecer.

Lentamente va llegando la luz del amanecer. Hay un momento que dura unos instantes en que en el rosal se distinguen las flores de las hojas, pero aún no se ven sus colores.

"La única forma de conocer a una persona es amarla sin esperanza", dice Walter Benjamin. ¡Qué estupendo se ponía este hombre! ¿Puede haber algo más falso, o más erróneo? Parece un eslogan para adolescentes. Es como aquello de que la única forma de conocer a una persona es acostarse con ella. En la cama se conoce a una persona tanto como en la mesa: poco o nada. Amar a una persona sin esperanza es la única forma de amarla, no de conocerla.

"El asesinar a un criminal puede ser moral, mas no lo es el legitimarlo", dice también Walter Benjamin. No sé si entiendo bien. Lo que veo es el clérigo que hay detrás de todo intelectual, el clérigo que después de siglos quemando prójimos tiene remordimientos de conciencia y descubre que lo que él ha hecho los demás no lo deben hacer.

"La expresión de la gente que se mueve por las galerías de pintura muestra una mal disimulada decepción ante el hecho de que ahí tan solo hay cuadros", una vez más Benjamin. Eso es exacto.

Observas a los niños y ves que todos responden de la misma forma en determinadas situaciones, incluso hacen los mismos movimientos, los mismos gestos. E igual los jóvenes. Todos hacen lo mismo, incluso te recuerdas a ti mismo haciendo las mismas cosas que los de ahora. Los adultos resultan intercambiables, tan parecido es su comportamiento. Observas a un anciano y ves que hace cosas que nunca antes había hecho, cosas que hacen todos los ancianos. Su manera de moverse es exactamente igual. El que a ese anciano, que ha sustituido a aquel hombre, que a su vez sustituyó a aquel joven, quien a su vez sustituyó a aquel niño, se le conozca con el mismo nombre que a todos ellos, es más una expresión de deseo que de exactitud. A la exactitud, a la verdad, responde mucho más reconocer que todos los niños son iguales, todos los jóvenes iguales, todos los adultos iguales y todos los ancianos iguales, y que por tanto a cada uno de los miembros de esos grupos se les debería llamar con el mismo nombre. Responde más a la verdad una denominación horizontal, o transversal, que una vertical. Aquel niño es más distinto del joven que le sustituyó que de los otros niños que iban con él a clase. Todos los que tienen una misma edad deberían llevar el mismo nombre ("niño", por ejemplo), pues todos son intercambiables. Y al pasar a otra edad debería cambiar de nombre. Vamos pasando de una casilla a otra y es la casilla la que nos determina el carácter en cada edad.

¿Por qué nos gustan tanto las miniaturas (las reproducciones a menor escala de objetos o de animales)? ¿Por qué nos gustan los muñecos de animales, las maquetas de edificios, los pueblos vistos desde lo alto de una montaña, los sellos (miniaturas de cuadros), los mapas...? No es porque nos gusten las cosas pequeñas.

Por ejemplo, una hormiga no nos gusta como tal hormiga. Solo nos gusta cuando la vemos con una lupa y entonces el animal real se convierte en la miniatura de un animal gigante. En un universo de dimensiones tan desaforadas, comparadas con la nuestra, que algunos de los objetos que apenas abarcamos con la mirada nos quepan en la mano nos proporciona un enorme placer. Un edificio, un animal, un paisaje..., solo los abarcamos como ideas. Y las miniaturas nos permiten tocar, mirar y que nos quepa en la mano una idea.

Imaginemos que a la persona que más queremos en el mundo, o a una que queremos mucho, alguien la golpea y le acaba dando muerte entre los más horribles sufrimientos. No muere por un accidente (no le cae un árbol encima, o una cornisa, no se envenena con unas setas que ha recogido por error...). Hay alguien que es responsable de su muerte entre dolores. Nuestro impulso más natural es buscar una compensación. Y si se castiga al responsable encontramos cierto alivio. Y el alivio será mayor cuanto más se acerque el castigo al daño. Este deseo de venganza es la base del código penal. La justicia es una forma reglamentada de venganza. De un modo que no entendemos bien, castigar al responsable del daño restituye en cierto modo la vida al asesinado.

Ese "en cierto modo" que ya tenemos asumido es el que lleva a las familias de un asesinado a decir eso de "no queremos venganza, sino justicia", eso que es falso. Bien, pues lo que dice el Estado es: "Olvídate de que tu ser querido vuelva a la vida, ni siquiera de manera figurada. A tu ser querido, y a ti, os ha tocado una desgracia, un accidente. Os tenéis que aguantar." El Estado renuncia a la vida de la víctima. Y el pensamiento que hay detrás de esa decisión es un pensamiento pesimista, fatalista: que esa persona estaba destinada a morir, a desaparecer, en ese momento. Si no la hubiese eliminado esa persona, la habría eliminado otra desgracia. El hecho de que muriese en ese momento quiere decir que estaba llamada a morir en ese momento. Es decir, detrás de esa decisión, que parece racional, luminosa, pues renuncia a matar al culpable, hay un pensamiento mágico, irracional, a favor de la muerte.

Vamos a ver a D. Ángel, a darle el pésame por la muerte de su mujer, hace año y medio, de la que no nos enteramos en su día. Le llamamos antes de ir para saber si le viene bien. Coge el teléfono una voz de hombre que nos pasa a D. Ángel, que dice que sí, que podemos ir, que no tiene prevista ninguna visita, que estará en casa.

Nos abre él mismo la puerta de casa. Se le ve más delgado y más mayor que la última vez que lo vimos, hace casi dos años, más desmejorado, en general. Aún de pie le preguntamos cuántos años tiene. "Muchos. Ochenta y no quiero saber cuántos." Hace casi dos años, la última vez que nos vimos, nos dijo que tenía noventa y uno.

Le digo que sentimos mucho la muerte de su mujer y no habernos enterado en su momento. "Bueno, no se enteró casi nadie. Y fui yo quien se encargó de que no se enterase nadie, o los menos posibles. En esos momentos, la gente es más una carga que un alivio. Lo normal a estas edades es morirse. Es algo sin importancia. Además ella murió sin sufrir, porque no estuvo enferma. Murió de la mejor manera."

Nos sentamos y no nos pregunta si queremos tomar algo. Le habríamos dicho que no, pero me resulta raro.

Le preguntamos si sigue dando clases. Dice que sí, que le gusta darlas, porque así habla con los alumnos y con los compañeros, ven que no se ha muerto, se entera de cosas y se mantiene activo. "Es una suerte poder ir, porque si no, desde que me jubilé me habría quedado en casa y apenas habría salido. Habría tenido una vida más pobre. Después me vuelvo a casa andando. Sí, a mí me gusta andar. No pasear, que es una cosa que nunca he entendido, eso de salir a ningún sitio. A mí me gusta andar, ir a alguna parte. Pero son cursillos de dos, tres, cuatro clases. Todavía el año pasado me invitaron a dar un cursillo en... No me acuerdo dónde." "¿En Madrid?" "No... En... En Sevilla. Eso fue. En Sevilla. Bueno, dar unas clases o unas conferencias no es un gran esfuerzo. No tengo que preparar nada. Son clases que has dado muchas veces. Que desde la primera vez que diste te gustó cómo te habían quedado y has ido redondeando y puliendo. Desde luego me invitan a dar clases porque no saben la edad que tengo. Si la supiesen, dirían dónde va a ir este hombre." Se ríe. No se le ve deprimido, como hace dos años, cuando decía que él ya estaba en la sala de embarque y que ya no tenía ganas de vivir, no tenía alicientes. Ahora se ríe mucho. Y no habla de que tenga ganas de morirse. Sale en la conversación el nombre de algunos amigos. De uno de ellos dice que ya no lo ve, no sabe por qué. Que lo vio hace unos meses y hablaron normal. Pero que ahora ha desaparecido por completo. Me parece raro que no mencione que ese amigo tiene alzhéimer, además desde hace años. Habla de la vejez y dice que de lo que más experiencia tiene es de la vejez ("experiencia en viejos") porque a lo largo de la vida ha visto y conocido a muchos viejos, en la familia y fuera de ella. "Uno sabe que podría estar mucho peor."

Dice que nunca le ha gustado viajar. Nunca. Y que ha viajado mucho por motivos profesionales. "Cuando era niño y tenía que ir de mi pueblo a la capital, que está a 50 kilómetros, tenía que ir a Málaga en autobús a coger el tren. Eran horarios descabalados, que no se ajustaban. Llegaba a Málaga a las diez de la mañana y el tren salía a las seis de la tarde y me tenía que pasar todo el día allí, esperando. Bueno, pues en esos 50 kilómetros vomitaba no sé cuántas veces. Porque yo entonces me mareaba muchísimo. Solo con acercarme al coche ya me mareaba." Le digo que a mí me pasaba igual de niño. Me mareaba muchísimo. Y de pronto, a partir de no sé qué edad dejé de marearme. A él le pasó igual. Tampoco sabe a qué edad dejó de marearse, pero fue igualmente repentino.

Habla de la familia, de los nietos. ¿Cuántos tiene?, le preguntamos. "Mmm... No sé. Tendría que calcular. Los mayores tendrán más de treinta años. Y tengo biznietos. Y podría tener tataranietos, porque una biznieta tiene como dieciocho años." Algo no cuadra. Si tiene una biznieta de casi veinte años, tiene que tener nietos de cuarenta años o más, no de treinta y tantos. "A veces hago el esfuerzo de contarlos y entonces me salen más de los que creía."

Habla de la ciudad que fundó su padre en Uruguay, que hoy tiene 60 000 habitantes. "Estuve el año pasado y eso me dijo la persona que me pusieron para acompañarme. Cuando llegaron mis padres no había nadie. Mi hermano el mayor fue el primer nacimiento que se registró. Nosotros éramos doce hermanos y yo soy el único que sigue vivo. Y era el quinto, que había otros cinco más jóvenes que yo. Mis padres tenían intención de quedarse en Argentina. Pero vinieron a España a enseñar a la familia al niño que acababan de tener. Y en ese tiempo estalló la Gran Guerra. Entonces el Atlántico se volvió intransitable. Se torpedeaban muchos barcos de pasajeros. La guerra aún no tenía leyes de guerra, no estaba reglamentada. Así que mis padres se quedaron y ya no volvieron nunca a la Argentina."

Dice que no se aburre y hace un gesto hacia los libros que tapizan todas las paredes. "Tengo mucho para leer." No parece que nadie toque esos libros hace mucho tiempo. Están ordenados por tamaños. Siempre le preguntan si los ha leído todos. Dice que en la casa de M tiene más libros. No se compró casa en su pueblo porque no habría podido hacer nada. "Tengo allí todos los amigos de la infancia y mucha familia. Si hubiera ido allí a pasar los veranos no habría podido hacer nada, salvo que hubiera puesto un cartel de prohibidas las visitas, excepto los sábados por la tarde y los domingos por la mañana. Nos compramos la casa de Orihuela porque mi hija sacó allí una plaza de maestra y en vez de ir a la cabeza del municipio, se quedó en una de las aldeas. Y como allí tenían casa para el maestro, allí se quedó. Pero cuando se jubile tendrá que dejar esa casa. Así que se irá a vivir a la nuestra. Esas aldeas tienen más de mil habitantes. Son pueblos grandes. Allí me dicen que mi hija para ellos es una santa." Se ríe. Se ríe mucho. Siempre ha sido muy risueño y eso no lo ha perdido. A veces, en algunas palabras, o en algunas frases incluso, le sale acento del sur (desaparece la ese final y las vocales finales se abren), un acento que jamás le habíamos oído.

Habla de todo con lucidez.

—Bueno, D. Ángel, que no queremos cansarle.

—No, no se preocupen. Ahora estoy solo. Mi mujer aún está en Orihuela, aún no ha vuelto de vacaciones. Vendrá un día de estos. Estoy con la cocinera, que siempre ha estado con nosotros.

De repente toda la visita se convierte en un episodio de terror. Su mujer murió hace más de un año.

—D. Ángel, ¿quién cogió el teléfono antes?

—No sé. ¿Qué era, un hombre o una mujer?

—Un hombre.

—Pues no sé. En esta casa duerme también un nieto. Sería él.

A partir de ese momento repetirá varias veces unas cuantas de las cosas que ya había contado, como lo relativo a la fundación de la ciudad uruguaya y lo de que el primer nacimiento registrado allí fue el de su hermano y que eran doce hermanos... También repetirá varias veces lo de la hija que sacó la plaza de maestra.

Me pregunto cuánto de lo que ha dicho será cierto. Cuándo daría sus últimas clases, cuándo haría su último viaje, cuándo vio realmente por última vez a su amigo, cuántos nietos y biznietos tendrá y de qué edades... Cuánto tiempo hará que perdió su acento del sur, que sin duda tuvo de niño y que ahora le vuelve involuntariamente.

Me pregunto si sabrá quiénes somos. Es posible que haya estado hablando con toda naturalidad casi dos horas con dos personas que no sabe quiénes son.

Uno de los comienzos de libro más angustiosos que conozco es *La Biblia en España*, en el que un marinero cuenta que la noche anterior había soñado que se caía al mar, y poco después, al subir a uno de los palos para recoger el trapo ante la inminencia de una tormenta, el golpe de un rebenque le hace caer al agua, y aunque aguanta un tiempo entre las aguas alborotadas, los compañeros que intentan rescatarlo en una barca le ven hundirse poco a poco con los brazos abiertos, mirando hacia la superficie con los ojos muy abiertos.

Otro comienzo angustioso es el de las memorias de Jerónimo de Pasamonte, en las que cuenta que cuando tenía como cuatro años se tragó una aguja de unos diez centímetros de longitud, lo que ya nos deja el corazón encogido para el resto de la lectura, en la que abundan dolores de cabeza, sufrimientos y desgracias.

No vemos, no oímos. No hay nada en el exterior. No hay universo. Solo pensamos. Y nuestros pensamientos toman la forma de cosas que no sabemos qué son. Cada emoción, o cada sentimiento, o cada pensamiento, inventa un cuerpo en el que alojarse. Eso son los animales, y las plantas, y las rocas, y las nubes. No hay exterior, pero tampoco interior. Si imaginamos que son dos espacios en los que hay cosas, es hermoso. La luz no existe. Es un pensamiento que resalta contra el de la oscuridad, que tampoco existe. No hay Dios, no hay un mundo. Solo existes tú. Pero no hay un yo, aunque parezca que los pensamientos parten de un punto dentro de ti. Solo hay esa actividad que no sabemos qué es, ese surtidor de pensamientos, de sentimientos, de emociones, o de lo que hay tras ellos y que se disfrazan de ellos, que inventa el yo y el tú, y todo lo que vemos y oímos y no existe. Yo y tú son inventos igual de ajenos a nosotros. "Eso" nos inventa y se inventa. La materia, la forma, no tiene nada que ver con lo que realmente surge de ese surtidor.

El rebaño de ovejas avanza envuelto en tres nubes de insectos: por delante, la nube de los que van espantando; por encima, la de los que le sobrevuelan; y por detrás, los que se entretienen en los excrementos que quedan a su paso. Las golondrinas, los estorninos, las lavanderas, las tarabillas, las alondras, las cogujadas, las collalbas, los colirrojos vuelan sobre el ganado con la boca abierta, que se les va llenando de insectos, y van limpiando el aire. A veces una oveja aborta en medio del campo y los perros se apresuran a disputarse el triste feto que queda en el suelo abandonado. Hay insectos más grandes, aunque no hay manera de verlos al natural. Solo se hacen visibles en las egagrópilas, en las que sobresalen enormes élitros. Al atardecer, hay que llevar a las ovejas varias veces al lugar en el que van a pernoctar. En su caminar obsesivo no aciertan a detenerse.

Cuenta Horacio Vázquez-Rial que igual que los gobiernos argentinos del último tercio del siglo XX hacían desaparecer a sus opositores, a mediados del siglo XIX los degollaban. Dice que "el gaucho malo Ledesma decía haber degollado «de todo, y a veces por curiosidad»: «me entretenía hasta con los perros y cualquier bicho, y después los soltaba para ver ande iban a parar». «El que va a caer más lejos es el cristiano», concluía". Esto me recuerda un verdugo al que conoció Turgueniev. Llevaba a sus ejecuciones un estuche con una cuchilla que él mismo se encargaba de afilar y que montaba en la guillotina con la que le tocaba trabajar. Cuando tenía varias ejecuciones, entre una y otra limpiaba la cuchilla con una esponja hasta devolver el brillo al acero, lo que horrorizaba a Turgueniev. Este verdugo era un estudioso de su instrumento de trabajo. En los días en que no tenía ocupación experimentaba con animales: gallinas, gatos, perros... Decía que contra lo que muchos creen, los pollos sobreviven muy poco a la separación de su cabeza y apenas dan dos pasos sin ella. La criatura que más resiste sin ella es el hombre, coincidía con el gaucho Ledesma. Contaba muchos casos de cuerpos de guillotinados que después de su ejecución se pusieron en pie, agarraron su cabeza y se alejaron con ella sujeta junto a la cintura, como quien lleva una sandía. La parte que antes perdía el riego eran las extremidades superiores, y la consecuencia de ello era que enseguida se les caía al suelo la cabeza. Lo que más tiempo resistía con circulación sanguínea eran las piernas, y los cuerpos avanzaban sin cabeza como si no hubieran sufrido daño alguno. Pero una vez que se les caía de las manos la cabeza eran incapaces de mantener el rumbo recto que llevaban y comenzaban a desviarse, en todos los casos, hacia la izquierda, y pasaban a describir un recorrido en espiral, durante el que siempre se acababan encontrando con su propia cabeza caída un rato antes. Unos tropezaban y caían y otros le daban patadas hasta que la sacaban de la línea de su avance, lo que provocaba en el verdugo grandes risotadas.

Me cuenta mi tía cosas de su tía Juliana, la hermana de mi abuela Sara. Eran solo dos hermanas que se quedaron huérfanas completas cuando abuela tenía 13 o 14 años. Pasaron de llevar una vida regalada, con todos los caprichos, como decía abuela, a tener que arar y trabajar el campo, cosa que no habían hecho nunca. Hasta entonces habían tenido tres criadas: dos para el campo y una para la casa. Mi hermano recuerda que abuelo José decía de abuela Sara, su mujer: "Esta mujer, para haber sido rica, sabe trabajar". Cuando murió su padre (el de abuela), que tenía un comercio, los que le debían dinero no se presentaron a saldar su deuda. Quedaron muchos recibos de la tienda sin cobrar (en "la otra casa" había un arca llena de ellos). Los albaceas no se preocuparon de cobrarlos y abuela y su hermana, unas niñas, se quedaron sin nada y se fueron a vivir con unas tías suyas.

—Juliana se casó con uno de Peica al que llamaban Santiagote. Cuando ya tenían a Martín y a Paco, los dos chicos, Santiagote se fue a Francia. Y como pasaba el tiempo y no daba señales de vida, Juliana se fue a bus-carle. Lo encontró y él aceptó volverse a casa con ella, pero cuando ya estaban en el tren él dijo: "Ay, que se me olvidó..." no sé qué. Se bajó del tren y ya no volvió. Juliana se vino sola y embarazada de mi prima Áurea, a la que llamaban la Francesa, porque vino de Francia. Poco después de tener a la niña, un día Martín, que era muy pequeño, se rompió una pierna. Se lo llevaban en un carro a Mombuey y al llegar a las Llamas, por la era, Juliana dijo: "Ay, que se dejaron la pierna de mi niño en casa". Y ese día se trastornó. Siendo Áurea pequeña, una vez que Trini pasaba cerca de la casa, oyó el llanto de un niño. Cuando abrió la puerta se encontró a Juliana que había puesto a la niña en el tajo y con un hacha levantada se disponía a descargar un golpe. "¡Qué haces!", le gritó Trini. "Pues esta muerte no quita otra", dijo Juliana. Apartó a la niña, cogió un gatico que andaba cerca y, zas, le cortó el pescuezo. A Martín y a Paco los mandaron a León. Y a Áurea la acogió la mujer del señor Iglesias, que era el juez de paz.

»Juliana vivía sola en "la otra casa". Una vez le tiró un cuchillo a abuelo José, al que odiaba, porque él la pegaba cuando no la podía someter por las buenas. A veces ella robaba (tocino o alguna cosa de comer) y abuelo iba a su casa y le preguntaba dónde lo había metido. Ella negaba haber cogido nada. Abuelo la levantaba de la cama y encontraba las cosas robadas debajo del colchón.

»A su hermana Sara, a mi madre, Juliana la cogía por el pelo, que lo tenía muy largo, y la arrastraba por el suelo. Y se ponía en el balcón y empezaba a gritar y a insultar. A los que le llevaban comida les decía: "Putas, pellejos, ¿a qué venís? ¿A robarme?".

»Juliana cantaba durante días (mi madre decía que le duraba una luna) y los rapaces iban a escucharla cuando salían de la escuela. Cantaba: "Tengo, tengo, tengo. / Tú no tienes nada. / Tengo tres ovejas / en una cabaña. / Una me da leche, / otra me da lana / y otra mantequilla / para toda la semana". Tuvo temporadas muy tranquilas, pero la locura nunca la abandonó. Podía coger una silla y estar moviéndola, cambiándola de sitio unos centímetros, durante horas.

»Un día salió de casa con unas telas que tenía guardadas, lo único que tenía y a lo que daba más valor, y le dijo a su hermana: "Toma, esto para que las niñas se hagan un velo. Van a estar muy guapas. Y esto para que tú te hagas un vestido. Hermana, me han salido unos bultos debajo del brazo. Ya no te voy a hacer sufrir más". La llevaron a Zamora y duró muy poco. Murió el 23 de octubre de 1943. Había recobrado la cordura poco antes de morir.Yo tenía 12 años. Mi madre nos hizo besarla [dice mi tía llorando]. Después no he podido volver a besar a ningún muerto. Ni a mi hijo.

»Martín y Paco estaban en León. En el momento en que echaban sobre la caja las primeras paletadas de tierra, se oyó un coche por el alto de la Cuesta. Entonces apenas pasaban coches por la carretera. Áurea empezó a gritar: "¡Mis hermanos, mis hermanos!". Efectivamente eran ellos. Llevaban el motor del coche estropeado (perdía aceite y cada pocos kilómetros tenían que parar a reponerlo). No llegaron a tiempo para ver por última vez a su madre.

»Santiagote volvió una vez a Muelas. Los chicos creían que venía a hacerse cargo de ellos y a solucionarles la vida. Pero venía a por un certificado de defunción de su mujer para poder casarse en Francia, donde ya tenía una hija. No se acordó de sus hijos españoles. Cuando Áurea estuvo en Oyonnax, fue a verle un día, pero no le hizo ningún caso.

Hoy he soñado que un médico me explicaba una enfermedad que yo tenía haciendo una equivalencia con los haikus. Y yo le decía: Eso no funciona así. Tú no haces el haiku. El haiku se hace solo. Y es el haiku quien sale a buscarte, no al revés. Despierto, nunca lo había pensado así.

El tiempo tiene un talante artístico. Muchas veces destruye los edificios con más sentimiento que el arquitecto que los ha levantado. Muchas ruinas expresan más delicadeza e inteligencia que el edificio del que proceden.

Me cuenta un amigo que en su trabajo pusieron hace unos meses en el control de entrada a una mujer que por el acento debía de ser de algún país del este de Europa. Acostumbrados a seguratas y ordenanzas que siempre son muy amables y hasta pelotillas, esta llamó la atención porque era callada y hosca, tirando a antipática. Apenas saludaba o lo hacía sin mirar, nunca daba conversación. Todos pensaron que era más bien que no dominaba la lengua lo que causaba su actitud. Y todos pensaron lo mismo: va a durar poco, no encaja en esta empresa; no da buena imagen; en cuanto el gerente la trate un par de veces va a pedir que la sustituyan. Un día el gerente de la empresa llamó a un compañero de mi amigo: le echó un broncón porque en la media hora de desayuno se tiraba todos los días diez minutos de más. A otro le regañó por el número de veces que salía a la calle a fumar. Poco a poco fue quedando claro que la nueva bedela estaba informando a las alturas. Se había aliado con el poder. La pobrecilla que parecía que iba a ir a la calle resultaba estar bastante asentada en su puesto.

Visto su papel de delatora, la gente empezó a mostrarle la misma antipatía que mostraba ella. Pero a ella eso le traía sin cuidado. De la antipatía la gente pasó al odio y a intentar molestarla. Muchos comenzaron a tratarla con desprecio. Pero ella los paró. No se lo consiento, decía. Un día, a uno de esos que la trataban con odio, le hizo enseñarle a la salida una bolsa que llevaba, "cumpliendo órdenes de la dirección, porque está desapareciendo material", algo que jamás les había dicho nadie. Ese compañero hizo una queja contundente y se encontró con que el gerente se ponía de parte de la bedela. La defendía. Del odio todos pasaron al miedo. Ahora todos la tratan con un respeto exagerado. Tienen miedo a quien está en el puesto más bajo de toda la empresa.

Sobre el polvo que acumulan los libros. Los libros empiezan acumulando una finísima lámina de polvo blanco, un espolvoreado uniforme de una harina tenue. Una tempura, digamos. Eso puede durar desde una semana a un año. Pero después ese polvo se va oscureciendo, virando a un pardo, como un rebozado de croqueta que se está friendo. Y finalmente alcanza un color negro repulsivo, como de estar viviendo a la intemperie, como esos mendigos que te miran fijamente a los ojos cuando pasas.

Tarde de otoño. Bajo cada árbol, sus hojas caídas. Sopla el viento y todas se mezclan.

El tiempo se comporta de una manera astuta y para ocultar su naturaleza imprecisa, confusa, irregular, finge avanzar de manera uniforme.

Hablando con el vecino de política, dice una cosa muy interesante: uno por uno, individualmente, de uno en uno, toda la gente son analfabetos políticos. Pero el conjunto es sabio. Digamos que todos equivocan su voto. Pero el resultado global es correcto.

¿Cómo puede ser eso? Eso querría decir que no somos nosotros quienes expresamos nuestra voluntad, sino alguien o algo ajeno a nosotros. La suma de las decisiones de mucha gente ¿son como los miles de impulsos, de dudas, previos a cualquier acto que realizamos? Sin duda tiene relación con el funcionamiento del cerebro. Quizá el cerebro piense y mande órdenes de manera irracional, "sin pensar", y eso da como resultado una acción acertada.

Estábamos viendo jugar a las chicas a la comba, admirados de la exactitud de sus movimientos (¿cómo era posible moverse con tanta naturalidad, con aquella facilidad, casi con desgana, y a la vez evitar que la cuerda te golpease?), cuando llegó Ángel diciendo que habían atropellado a un perro. Todos echamos a correr. Por el camino nos fue poniendo al tanto. Un camión de Coca Cola había atropellado a un perro que atravesaba la carretera por un paso de peatones. Se había echado sobre él y le había pasado por encima. Creíamos que iba a haber una multitud alrededor del animal, pero cuando llegamos no había nadie. Habían apartado el cuerpo del animal a la orilla y los coches seguían pasando por la carretera. El camión lo había aplastado con las ruedas de delante y después con las de atrás, de tal manera que el cuerpo era plano, una lámina. Apenas sobresalía del suelo, no formaba bulto. Parecía un dibujo animado. Y ese parecido era mayor por el hecho de que de la boca salía una especie de bocadillo de tebeo, una mancha redonda, blancuzca, que Saúl dijo que eran los intestinos o el cerebro, que al quedar aplastado el animal habían buscado una salida por algún orificio, lo que nos pareció una explicación maravillosa. Estuvimos varias horas sin poder apartar la mirada de aquel prodigio, que empezaban a invadir las hormigas, hasta que el sol se ocultó y la luz de las farolas le dieron apariencia de cosa artificial y todos nos fuimos a casa.

Todos estamos en el mundo antes de existir. Y después.

Me acuerdo de cuando en el verano iba a buscar agua al pilón. El caño por el que salía el chorro estaba muy cerca de la superficie del agua. Para poner la boca del cántaro debajo del chorro había que hundir el cántaro vacío. Pero mis escasas fuerzas solo conseguían tumbarlo y hundirlo muy poco. Al principio en esa posición entraba muy poca agua. Gran parte del chorro se iba directamente al pilón. Pero poco a poco el peso del agua que entraba en el cántaro lo iba hundiendo y poniendo vertical y entonces tenías que vigilar que la boca no quedase por debajo del agua del pilón. Una vez lleno lo acercabas con facilidad a la orilla. ¡Cómo pesaba al sacarlo del agua chorreando!

En *Kabei*, la película de Yoji Yamada, hay un momento en que las dos niñas de la familia protagonista están a la puerta de casa con un amigo de los padres, cuando llega un telegrama que anuncia la muerte del padre, que estaba en la cárcel. "Vuestro padre ha muerto", dice el amigo de la familia y se va a buscar a la madre, que ha salido. Al entrar en casa las niñas, la pequeña mira el buzón y encuentra una carta. Es del padre. La niña corre hacia su hermana: "¡Es carta de papá, el telegrama está equivocado!".

Algunas flores parecen puntos del espacio en los que alguien ha estado aplicando un soplete hasta agujerear-lo, o golpeándolo hasta astillarlo, y entonces asoman colores de otro mundo.

Cuenta José Ignacio Pardo de Santayana, director del zoo de Santillana del Mar, algunos detalles sobre lobos criados con impronta humana. Una vez un cachorro se enredó en los hilos sueltos de una cortina y cuando tra-taron de desenredarlo el animal lanzaba rencorosas den-telladas, como si le hubiesen hecho caer en una tram-pa. Cuenta también que aunque se habían criado con ellos seguían siendo animales muy desconfiados y por ejemplo se resistían a saltar vallas o pasar bajo dinte-les, como si se les estuviese llevando a una encerrona. También cuenta que una vez, paseando con dos cacho-rros que habían nacido en cautividad y a los que siempre se les había dado la comida, vieron a lo lejos un caballo e inmediatamente los dos se separaron, se pegaron al suelo y llevaron a cabo una maniobra envolvente para acorralarlo.

Me encantan los lugares en los que acaba la ciudad. Esas calles que dan al campo. En las que las hierbas bra-vías han agrietado el asfalto y han levantado las baldosas de la acera y el bordillo de granito es como la línea que ha trazado un niño para indicar que a partir de allí el mundo se llama de otra forma. Esos barrios que son la proa de la ciudad, que embiste contra lo desconocido.

¿Cómo puede ser que de estas hierbas que parecen una pradera, de este campo verde, salga el dorado pan?

Llegan las primeras lluvias y las calles se llenan de paraguas rotos. Muchos acaban en las papeleras. Parecen murciélagos enormes que rebuscan entre la basura.

Entonces un día ocurre eso. Y toda tu vida, todos los días, se reordenan, se orientan hacia ese día, todos los días de tu vida de pronto pasan por ese.

Es tan leve la mariposa, que se posa en una minúscula flor de largo tallo y esta permanece inmóvil.

Dios es anterior al mundo y por ello más viejo que el mundo. Pero quizá su edad se comporta de manera inversa a la nuestra. No envejece, sino que cada día es más joven, está más vivo.

El mundo es una de las apariencias de la nada. Uno de sus disfraces.

Es otoño y cruzamos Castilla. Rastrojeras, campos dorados, como el pan que ha salido de ellos. Paseos por las calles de Salamanca, flanqueadas de palacios renacentistas. Sus piedras tienen el mismo color que el campo. Parece que el suelo de Castilla se ha puesto en pie.

Me acuerdo de cuando vino Nixon a España. Yo tenía 11 años. Desde las 9 de la mañana toda la gente salió a la calle a verle pasar desde el aeropuerto y se colocó en los bordes de la Pista, así, por antonomasia, como se llamaba entonces en Madrid a la autopista de Barcelona. Las calles del barrio se quedaron vacías. Los chicos íbamos en bici de un lado a otro sin cruzarnos con nadie. Parecía una ciudad abandonada. Todos los adultos (la mayoría, mujeres, pues en aquella época solo los maridos tenían un trabajo, pero también había abuelos y hombres jubilados) y todos los niños se pasaron la mañana en las orillas de la carretera, unas orillas de tierra que quedaban por encima del asfalto, lo que daba a aquella gente un aspecto amenazador. Era como si le estuviesen esperando para ajustarle las cuentas. Al principio la gente estaba de pie, expectante, mirando los coches, como si Nixon estuviese a punto de pasar. Pero a medida que avanzaba la mañana todos se fueron relajando y distrayendo. Todos se fueron sentando en el suelo y empezaron a hacer corrillos. El silencio inicial se transformó en un murmullo cada vez más alto. Durante todo el tiempo circuló el rumor de que estaba a punto de pasar. Por eso nadie quería quitar la vista de la carretera. A eso de la una algunas mujeres empezaron a irse, porque tenían que hacer la comida. Poco a poco las orillas de la carretera se fueron despoblando. A las dos quedaba muy poca gente. De pronto el tráfico se interrumpió. Durante muchos minutos no pasó ningún coche. Ese fue otro momento fascinante, ver vacía una carretera que nunca dejaba de tener tráfico. Entonces empezaron a pasar unos coches negros, largos, con los cristales oscuros, a toda velocidad. Muchos coches, todos iguales. Ya estábamos cuatro gatos. Alguien gritaba: ¡Va en ese! Y señalaba uno, que todos seguíamos con la mirada sin ver nada. Y al cabo de un rato otro gritaba: ¡En ese! Así hasta que dejaron de pasar aquellos coches larguísimos, oscuros, brillantes. Después hubo otro tiempo sin tráfico, hasta que volvieron a pasar coches corrientes, de colores. No vimos a nadie dentro de los coches, ni siquiera a los conductores. A Nixon lo vimos después en la tele, saludando desde un coche descapotable, por el centro de Madrid, con Franco al lado. Fue una lección que nos hizo conscientes del lugar que ocupábamos en Madrid, en la sociedad y en el mundo. Nixon fue nuestro Copérnico.

Cuenta De Chirico que de niño vio unas ilustraciones en las que aparecía el mundo del Jurásico, un mundo en el que aún no había aparecido el ser humano y que esa soledad metafísica del mundo le impresionó mucho. Sus paisajes urbanos sin gente son un eco de aquellas ilustraciones vistas de niño.

1918. Ha acabado la Gran Guerra. Los supervivientes vuelven no de una guerra, sino de una expedición a otro mundo. Ha sido la experiencia más excesiva y descomunal para la psique humana desde el descubrimiento de América. Este fue un viaje al Paraíso. La Gran Guerra ha sido un viaje al Infierno. La estética ha quedado convulsionada, trastornada. Ya no se volverá a escribir igual, ni a pintar, ni a componer música. El arte será otro a partir de ahora, como ya ocurrió en el siglo XVI.

Cuando la Pinta y la Niña vuelven a España del primer viaje a América vienen cargadas de poesía. Mientras las bodegas de las naves traen objetos del Nuevo Mundo, los tripulantes ignoran que su carga es sobre todo espiritual.

La idea de Dios es uno de los grandes inventos de la humanidad, como el fuego, la aguja, el hacha... ¿Qué importa que no haya otra vida o que la muerte sea definitiva? Eso es lo de menos. Lo que importa es si esa herramienta hace la vida más fácil, si, por ejemplo, nos quita angustia o miedo. Empeñarse en que la realidad es que Dios no existe es lo mismo que empeñarse en que en la naturaleza las ruedas no existen.

Igual que hay matones que usan la fuerza física, hay matones que recurren a la inteligencia. En uno de sus pecios (qué poca gracia me hace la originalidad terminológica para nombrar una nota) habla Ferlosio de las mujeres jóvenes y guapas a las que se invita como elementos decorativos a las fiestas de "carcamales y bujarrones". Y dice que si él fuese una muchacha joven y la invitasen de decorativa a una fiesta, les iba a decir que de decorativa invitasen "a su puta madre" (*sic*). Lo mismo que diría un matón. Es la prepotencia de quien se sabe muy inteligente o muy fuerte (cualidades con las que uno nace, que se tienen sin mérito) y nadie le va a poder replicar.

Renacimiento. Comienzan a excavarse las ruinas de ciudades antiguas y empiezan a aparecer estatuas de Venus, de Apolo, de Esculapio... Los dioses resucitan y vuelven al mundo tras siglos bajo tierra.

Leo unos diálogos con un escritor al que admiro en los que repasa recuerdos escolares y veo que él empleaba en el colegio toda su inteligencia para la vida y como consecuencia de ello sobresalía en el colegio. Para mí, el colegio era una cosa. Y la vida, otra. Y las facultades que empleaba en una y en otra eran distintas. Una redacción para el colegio era completamente distinta que un escrito hecho para mí. En el colegio hacía lo que se esperaba de mí. Tenía retenida la inteligencia, la inventiva, la iniciativa. No hacía cosas que podía hacer pero que nadie en el colegio esperaba de mí. Mi admirado escritor hacía en el colegio cosas que no le habían pedido. Se daba entero. Yo ponía mi inteligencia en modo escolar. Y mi verdadera inteligencia (que no tenía por qué ser superior a la escolar) la dejaba aparte. Pensar que en el colegio podías emplear la inteligencia de fuera del colegio, eso era de genios. Ahí está la genialidad de mi admirado escritor. En comportarse en el colegio como si no estuviera dentro del colegio. También me llama la atención que él confesaba todos sus pecados. Qué sinceridad. Yo los más inconfesables jamás los confesé. Confesaba a cambio los que se esperaba de un niño de mi edad, y que seguramente no había cometido (¡desobedecer a mis padres!: ¡como si eso estuviese en mi mano hacerlo!). Él era un muchacho noble, sano. Yo, un falso, un hipócrita esquinado y retorcido.

"Cree el vulgo leído", escribe D'Ors, hablando de Pasteur y del método experimental, "que el científico lo que necesita es tener los ojos muy abiertos y ningún prejuicio". Y a continuación D'Ors desmiente eso. Dice que todos los descubridores han tenido ideas preconcebidas. Pero a mí lo que me gusta es esa expresión de *vulgo leído*.

Uno es más consciente de la vida en el dolor que en la felicidad. Como está más vivo es sufriendo.

El lexicógrafo es como el coleccionista de insectos. La definición de cada palabra es el alfiler que la atraviesa y la deja fijada en la caja.

No siento la envidia de la música, pero sí la de la literatura. Puedo escuchar la versión de Billie Holiday de *Everything happens to me*, el solo del piano, y sentir que no hay un placer estético mayor, y que a la vez me resulta suficiente con escucharlo, que no necesito más, que estoy en lo más alto. Pero no puedo leer un buen pasaje literario sin sentir la envidia de no haberlo escrito. Necesito haberlo escrito para sentir el mismo placer que con la música. La condición de obra ajena de un texto impide que me maraville. Sé que es penoso.

Si eres capaz de caminar más de un kilómetro con un papel en la mano, o con un envase o cualquier otro desecho que quieras tirar, hasta encontrar una papelera o el recipiente que le corresponde, eres un gran ciudadano. Pero si hay alguien que sabe que alguna vez lo has hecho, porque se lo has contado, eres un farsante y un gilipollas.

Los lectores enamorados de la obra de un autor seguramente han reflexionado más en ella que el propio autor.

Un gorro de manga corta. No es completamente absurdo. Hay una leve relación, pues un gorro es una prenda de vestir, y hay prendas de vestir que tienen manga corta. La poesía tiene mucho que ver con el humor. Su estrategia es la misma. Se trata de encontrar asociaciones verbales inesperadas. La poesía es humor que no hace reír.

En todos los lugares de la Tierra, en todos los puntos a los que puede llegar el ser humano, ha habido o un infierno o un paraíso. Esa es la idea que está detrás del cómic *Aquí*, de Richard McGuire, más obra experimental literaria que simple cómic, en el que vemos un rincón de una habitación (unos metros cúbicos de espacio) en muy distintos momentos de la historia (hace millones de años, en la prehistoria, durante el descubrimiento, la colonización, el siglo XVIII, el XIX, los años 10, 20, 30, 40... del siglo XX, los próximos milenios), sin orden cronológico, lo que tiene un efecto muy placentero.

"¿Cómo puede ser que la matemática –un producto del pensamiento humano independiente de la naturaleza– se adecúe tan admirablemente a los objetos de la realidad?", preguntaba Einstein. Podemos pensar que quizá no hay tal mundo natural. Que todo es una invención de nuestra mente y por eso todo encaja tan bien. La mente inventa el mundo y después inventa las matemáticas. Como las dos cosas tienen el mismo origen, encajan perfectamente.

Pero no creo que sea así. Las matemáticas son producto de la naturaleza. Las formas geométricas se encuentran en la naturaleza y que uno más uno son dos no es una obviedad o un invento de la mente, sino una experiencia de la vida diaria. Imaginemos que vivimos en un mundo en el que cada vez que dos objetos se acercasen surgiera un tercero como por fricción o cercanía. La experiencia diría que uno más uno son tres. Y sobre esa regla habría que montar una matemática acorde con ese otro mundo.

Uno echa en falta que Cioran se despeine un poco con los demás, no solo con él. Un título como: *Ese maldito tú, pedazo de gilipollas*.

Me cuenta su vida el peluquero. "Una mañana, cuando tenía catorce años, en vez de ir al colegio, me quedé en la cama. No tardó en aparecer mi madre para meterme prisa. Vamos, que vas a llegar tarde. Fue la primera a quien se lo dije. Yo no voy a volver al colegio. No lo soporto. Mi madre no me dijo nada. Pero envió a mi padre, que no tardó en venir. ¿Qué es eso de que no quieres ir a la escuela? No, no lo soporto, papá. No voy a volver. Aunque me pegues con el cinturón. Aunque me mates. Él debió de ver mucha determinación en mí y no insistió. Está bien, no volverás a la escuela. Pero yo no voy a criar vagos. Levántate, que vienes conmigo. Me vestí y en unos minutos estaba listo. Me sentía tan contento por no ir al colegio que no me importaba acompañarle adonde fuera. Salimos a la calle y me dijo: Tienes hasta aquella esquina para pensar y decidirte por una de estas tres cosas: taller de autos con el tío Juan, sastrería con el tío José, o barbería conmigo. Tú decides. Mis padres eran emigrantes italianos que fueron a Venezuela en los años 50. Mi padre tenía dos hermanos y cada uno tenía un negocio. Yo tenía que trabajar con uno de ellos. Tuve cien metros para decidirme. Pensé: la sastrería, no, no va conmigo; el taller de autos, no, que estaría todo el tiempo sucio... Elegí la barbería. Como era un muchacho, yo pensaba que sería donde menos trabajaría. De esto hace treinta y ocho años y desde entonces no he dejado de pelar cabezas como la tuya. Casi cuarenta años con la tijera en la mano. Después, pero cuando ya tuve veintitantos años, tuve una novia que me quería mucho y me convenció para que estudiara por las noches los cursos que me faltaban para sacar el título de bachillerato. Ella era licenciada, su papá era médico y toda su familia eran profesionales. Debía darle vergüenza salir con un simple barbero. Mis hermanos también estudiaron. Uno es ingeniero y el otro doctor. Yo fui el único que no quiso estudiar más. Soy el menor de tres hermanos. Me saqué el título y nunca lo usé para nada. Lo hice solo por cariño a mi novia, que me acompañaba a las clases y me animaba mucho. Mi papá me enseñó el oficio de barbero. A mí se me empezó a caer el pelo muy joven. De pronto un día empecé a ver pelos en la ducha, en la almohada... En unos meses se me hicieron unas entradas muy pronunciadas. Pero nunca me preocupó, porque nunca me faltó mujer. Cuando ya solo me quedaban cuatro pelos aquí arriba, un día le dije a mi compañero que me pasara la máquina y me dejó como una bola de billar. Me sentí tan a gusto que desde entonces me afeito la cabeza todas las semanas. Ahora mucha gente se afeita. Pero entonces no se afeitaba la cabeza nadie. Solo lo hacíamos dos personas en todo el mundo: Kojak y yo. También muchos se injertan pelo. Yo no. Muchos se injertan y ¿sabes qué hacen? Cuando ya se les ha saneado la cabeza, se afeitan. Sí, muchos lo hacen. No les gusta tener la cabeza pelada por calvicie. Pero sí por afeitarse. Yo creo que les hace sentirse más hombres. A mi hermano mayor se le cayó el pelo con treinta y tantos años, en un mes, y fue un drama. Yo nunca tuve esa preocupación, porque nunca me faltó mujer. Aquella novia que me convenció para que sacase los cursos que me faltaban hoy es mi mujer."

Uno podría esperar que la extrema izquierda hubiese sido tolerante con el arte de vanguardia, o al menos que hubiese sido más tolerante que la extrema derecha. Pero encontramos en ella la misma intransigencia, la misma incomprensión. Recordemos el odio que Stalin sentía por el arte no socialista. Parecido al que los nazis mostraron hacia el arte "degenerado"

Durante la Guerra Civil, en las checas del bando republicano, se exponía a los prisioneros a ciertas imágenes con el fin de trastornarlos y aterrarlos para que acabasen ablandándose en los interrogatorios. Una de esas imágenes (en la checa de Vallmajor, en Barcelona) era un ojo al que una cuchilla cortaba por la mitad (una secuencia de *El perro andaluz*, de 1929). Otras imágenes eran reproducciones de cuadros de Kandinsky, o de Klee, o similares. Lo interesante de esto es la intención. Pensar que un cuadro abstracto podía alterar los nervios de un prisionero hasta el punto de empujarle a declarar es una ingenuidad muy grande. En los dos libros que he leído sobre Alfonso Laurencic, que diseñó algunas checas de Barcelona (el de Susana Frouchtmann, reciente, y el de R. L. Chacón, del año 39, con una portada muy bonita, que reproduce el diseño de una de esas checas trastornantes), encuentro un enorme desajuste entre los cargos de que acusaron a ese hombre y lo que realmente hizo. Lo que hizo fue diseñar unas celdas pequeñas con ilustraciones de Kandinsky en las paredes, una cama inclinada para que el preso se cayera cuando estaba dormido y un suelo con ladrillos puestos en pie para que no pudiera caminar ni tumbarse. Vale, no son habitaciones de hotel, pero ninguno de los testigos que declararon en su juicio, ni uno solo, hace alusión a lo horribles que fueron sus celdas. (Había otras celdas, como cajones, en los que el preso estaba constantemente en pie, con una bombilla junto a la cara que le quemaba los párpados, o una campana que atronaba junto al oído, pero esos diseños no tenían ninguna sofisticación y no necesitaban de ningún diseñador especializado). Lo que recuerdan los testigos detenidos en aquellas checas son las palizas que les dieron, las uñas que les arrancaron, la aplicación de corriente eléctrica, las duchas con agua fría y la inmediata exposición a un aire frío, las violaciones... Todo, cosas que se pueden hacer en una habitación cualquiera. En el juicio a Laurencic se le trató como un monstruo, como el responsable de todo lo que pasó en las checas de Barcelona. Y uno lo que ve es que era un presumido, un engreído, un vividor, un señorito, un adulador, un traidor, un estafador, un falso y aún más cosas. Pero no un asesino. Ni siquiera un sádico que disfruta con el daño que hacen otros. Si uno piensa que lo acabaron fusilando, lo que en el fondo era es un pobrecillo. Él, un tipo educado, bien vestido, con modales de alta burguesía, en ningún momento sospechó que lo fuesen a condenar. Presumió de haber colaborado con la causa nacional (seguramente porque sus simpatías estaban con ese bando), aunque no pudo aportar pruebas, habló durante una hora y media la última vez que tomó la palabra durante el juicio para exculparse sin llegar a decir nada de interés en su favor y acabó sus días gritando un patético ¡Viva el Generalísimo Franco!

Con respecto a la historia del universo, cada criatura es una delgada lámina entre dos bloques enormes: no ser y haber sido. Ambos están presentes durante toda nuestra vida. El primero es el responsable de nuestras horas más sombrías. El segundo lo es de nuestros momentos de exaltación.

Una mañana de verano, cuando era joven, sorprendí en una playa a un monstruo marino regresando en silencio a sus profundidades.

Las blasfemias en España se empiezan a generalizar con la guerra de la Independencia. Estas gentes amedrentadas por la Inquisición empiezan a comprobar que los soldados franceses, que no apean el "J'emmerde Dieu", no paran de ganar batallas.

A las cinco de la tarde del 14 de julio de 1789 la guarnición de la Bastilla capitula ante el asedio de las masas sublevadas. Por la mañana ahorcaron el último condenado por el Antiguo Régimen. No se salvó por unas horas.

Todos sus amigos son escritores. Las circunstancias de la vida que lleva le empujan a ganarse el sustento escribiendo. Pero su gran vocación es no escribir. Lo consigue hasta sus últimos años, en los que se ve obligado a dejar de no escribir.

Está orgulloso de su melena, de su perro, de su pipa y del beso que le dio en la frente Victor Hugo.

El beso fue la confirmación de su destino literario.

La melena ahora tiene aspecto de peluca cubierta de polvo.

El perro, al que baña en el agua jabonosa del Manzanares, ladra a todo el mundo y todo el tiempo le está metiendo en problemas.

Su pipa, por mucho que lave la boquilla, suelta un hedor de halitosis insufrible.

Habla poniendo énfasis en todas las palabras que pronuncia, lo que hace que ninguna destaque.

Su hinchada majestad apenas cabe en su modesto piso. Piensa que todo el aire que le envuelve estaría mejor alojado en el cercano palacio de Liria.

Llora leyendo a Campoamor. Ignora que el naciente siglo XX ya lo ha desacreditado absolutamente por rancio.

Madrid absurdo, brillante y hambriento esconde un Madrid berreador, sudosobaquiento y envasado al vacío.

Muere loco, ciego y furioso. Muere memo, bizcoide y resentizado.

Un lector habitual lleva a cabo dos operaciones: lee ciertos libros y deja de leer otros, de manera activa, deliberada. Es decir, uno también lee contra determinados libros.

Un paisaje, cuando es especialmente bello, lo mismo que el tiempo cuando es especialmente placentero, nos parecen no automatismos de la naturaleza, sino decisiones, actos voluntarios de alguien.

La verdadera batalla de Salamina se libró antes de que los atenienses embarcaran en sus naves y tuvo como objetivo la interpretación de la profecía de Delfos. Una vez que se impuso la creencia, o la seguridad de que pronosticaba la victoria de los atenienses, el combate naval fue menos costoso de lo que esperaban.

Una vez fui a enviar una carta a Correos, al edificio de Cibeles, cuando aún no era ayuntamiento. Era una carta dirigida a Corporales, un pueblo de León.
-Hombre, a León —dijo el funcionario.
-¿Es usted de León? —le pregunté.
Y me dio una respuesta inolvidable:
-Más o menos todos somos de León.

Todos los personajes literarios tienen vidas que si llegásemos a conocer enteras nos sorprenderían. Si seguimos los pasos a los supervivientes de una tragedia, nos encontraremos que tienen momentos en que son unos payasos, o en que lo que inspiran es asco. Y con los personajes cómicos pasa igual. Hasta el tipo más humorístico, incluso un tonto irritante, si lo seguimos de manera perseverante acaba mostrando su cara trágica o viéndose en episodios en los que puede comportarse hasta de manera grandiosa.

El elefantito de plástico, el avión de metal con el que juega el niño, esos objetos enormes que le caben en la mano, tienen más de realidad espiritual, o inmaterial, de idea que se puede abarcar y comprender completa, que de cosa material. De ahí el enorme placer que proporcionan.

Dice Freud que las pesadillas en las que nos vuelven a examinar o en las que perdemos un tren, realmente son sueños de alivio existencial. El viaje es un símbolo de la vida. No tomar el tren es no partir de la vida, no irse de ella. Lo que nos confunde es que la angustia y el alivio se dan mezclados. Los sueños son un poco como la respiración o el latido cardíaco: siempre trabajan a favor de la conservación de la vida.

El dinero es el invento menos material que ha hecho la especie humana. Es el invento que permite manejar cualidades interiores (inteligencia y belleza principalmente, pero también salud), las transforma en materia y ya se pueden manipular y equilibrar. Uno puede adquirir más. No es un invento de ricos para explotar a los pobres. Al contrario. Es un invento de pobres para igualarse a los afortunados.

La filosofía del mundo moderno, mundo ciudadano y urbano, es que todo progresa, evoluciona. El mundo moderno piensa que la historia, el arte, incluso lo biológico, se dirigen a una superación de lo anterior. Eso también tiene repercusiones morales. Lo último es lo mejor. En las sociedades tradicionales, en el campo, la vida, desde la más material, a la más artística, es cíclica. No hay progreso. Se repite interminablemente. A la sociedad tradicional no le interesa tanto conocer como reconocer. No saber qué es el sol, sino saber que eso es el sol.

La gente que se ha criado en el campo no es consciente o no tiene el sentimiento de la belleza del paisaje que les rodea. Recuerdo un viaje con mi padre, ya mayor, a la isla de La Palma, y que cuando estábamos mirando asombrados la caldera de Taburiente él preguntó, desconcertado: ¿Qué veis de bonito en esto? Cuando Petrarca sube el Mont Ventoux, una ascensión que tiene más de espiritual que de estética (aspecto que no desatiende, pero que despacha rápidamente, pues lo que realmente le interesa es contar el impacto moral que tiene en él el fragmento que lee al azar en San Agustín), se encuentran en el camino con un pastor que les desanima de subir. Les cuenta que él subió una vez de joven y que solo cosechó cansancio y decepción. Petrarca no llega a tanto, porque se admira de hasta dónde alcanza con la vista y de lo bella que es la perspectiva (el vasto espectáculo le deja pasmado), aunque repito que no insiste ni se detiene ni se recrea en esa belleza. Es verdad que es un monte de altura muy modesta, pues no llega a los 2000 metros. Pero quien ha ascendido montes de en torno a los 2000 metros —el Teleno, el Vizcodillo...— saben lo impresionante que puede ser el paisaje que se domina desde esas cumbres.

Tres niñas en el templo de Debod miran cómo picotean pan unas palomas, entre las que hay una cotorra. Una de las niñas la espanta y la cotorra huye. Las otras niñas miran a su amiga como preguntando por qué ha hecho eso. "Vienen de África y están reconquistando el país", dice la otra niña. Aunque no da ni una, se entiende lo que quiere decir, pero le sale una cosa teñida de la ideología propia del barrio en que se encuentra.

Abel Tasman tiene el mérito desconcertante de haber rodeado una masa continental tan descomunal como Australia sin verla.

Los artículos del Código Penal que tratan del robo están redactados por una víctima. Pero los que tratan de los delitos de sangre o con violencia o sexuales los ha redactado un vecino.

Cuando una persona le cuenta a otra algo que sabe que a esta le gustará oír, se la cuenta varias veces, incluso muchas veces. Además son repeticiones prácticamente iguales, pues introducir variantes puede dar la impresión de que se está inventando algo. ¿Por qué lo repetimos una y otra vez? Es como si esperásemos que la propia historia en algún momento fuese a arrojar una luz nueva, como si la combinación de palabras fuese a adquirir un sentido nuevo que nos va a permitir comprender mejor la historia.

La primera vez que veraneamos en San Vicente de la Barquera, hace cuatro o cinco años, fuimos porque nos gustaba su interminable playa y podíamos hacer excursiones a muchos sitios. Elena quería ir a conocer Cóbreces, ya que su abuelo paterno era de allí.

Yo, cuando era joven, había conocido a dos chicos que eran de Cóbreces, cuando fui a vendimiar con un amigo a un pueblo de Toledo, Puebla de Almoradiel. Nos habían dicho que era muy fácil encontrar trabajo, que no hacía falta ir con el contrato ya desde Madrid. Llegamos sin un duro y durante tres días estuvimos recorriendo bodegas y ofreciéndonos a sus dueños para trabajar. Y cosechando negativas. Todos los bodegueros tenían las cuadrillas completas. Por la noche dormíamos en la estación de tren, que estaba abandonada. Era el mes de septiembre y en cuanto se ponía el sol hacía un frío del demonio. Afortunadamente llevaba un buen saco de dormir y pasaba la noche caliente. Una de las noches aparecieron varios gitanos jóvenes. Enseguida nos trataron como amigos. Pero tenían un comportamiento poco tranquilizador. Se pusieron a arrancar los marcos de las puertas (ya no quedaba ni una) y con ellos convenientemente troceados hicieron una hoguera alrededor de la cual empezaron a cantar y a bailar. No les pudimos ofrecer nada porque nada teníamos. Ellos tampoco. Yo llevaba una mochila en la que guardaba la ropa de repuesto que llevaba y poco más. Me la puse como almohada y me dormí, convencido de que a la mañana siguiente mi mochila habría desaparecido. Cuando me desperté la hoguera aún humeaba, no había rastro de los gitanos y yo conservaba la mochila.

Después de recorrer el pueblo varias veces, el tercer día ya solo nos quedaba lo justo para el billete de vuelta. Hicimos nuestra última visita a una bodega, la más grande, y allí un señor con aspecto de cura moderno, con gafas modelo Truman, sorprendentemente nos contrató. Era el dueño de la bodega, el que más uvas cosechaba y el que más vino hacía todos los años. Un vino blanco que al parecer vendía a Rusia.

En la cuadrilla de esta bodega había ocho jóvenes como nosotros procedentes de diferentes lugares de España. Había tres de Madrid, uno de Cáceres, dos de Sevilla y los dos de Cóbreces. Con nosotros dos éramos diez. El resto de la cuadrilla, que era enorme, la formaba gente del pueblo, sobre todo mujeres.

Los de fuera estábamos alojados en una nave que había dentro de la propia bodega, donde también cenábamos. Comíamos en la viña, un caldillo que preparaba a lo largo de la mañana el capataz, un caldillo de patatas con bacalao, o con carne, que a mí me sabía riquísimo y que todos despreciaban, especialmente los del pueblo. El capataz ponía mucho cuidado en que no cayese ninguna mosca en el caldillo (se pasaba el tiempo espantándolas, agitando una rama de la vid, un pámpano, lo llamaba, por encima del recipiente), porque si caía una, él ya no lo probaba. Había veces que alguno cazaba una mosca y la echaba en el caldo con disimulo para que tocásemos a más. El procedimiento para comer consistía en ponerse todos alrededor del cacharro, una especie de paellera más honda de casi un metro de diámetro, hacerse con un trozo de pan y una cuchara y, por turno, cucharada (sin rebuscar tajada, prohibido) y paso atrás. A mí me parecía exquisito y todos los días me quedaba apurando a cucharadas el caldo que ya nadie quería. Un día salió de debajo de una cepa un gazapo y a fuerza de perseguirlo y de asustarlo dando patadas a las hojas se quedó quieto y se dejó atrapar. "Al caldillo, al caldillo", gritaron algunos. Pero una chica joven del pueblo me pidió que se lo regalara y se lo di. "Se lo va a comer", decían aquellos cafres. De postre podías comer todas las uvas que quisieras. Pero casi nadie las probaba.

El trabajo era agotador. Te pasabas el día doblado cortando racimos, tú a un lado de la cepa y tu pareja al otro, y echándolos en un capacho. Cuando se llenaba había que llevarlo al remolque y descargarlo. Lo peor no era agacharse. Lo peor era enderezarse. Yo me hice cortes con la navaja en todos los dedos de la mano izquierda. La gente del pueblo, cuando íbamos al tajo, o cuando volvíamos, me miraba las manos y se daban codazos y se reían. Salíamos antes de que apareciera el sol (en el viaje en el remolque descubierto pasabas un frío horrible) y veíamos amanecer ya en la viña. Volvíamos cuando el sol se ponía, agradeciendo el aire que te daba en el remolque, después de aguantar el calor del día, que era sádico.

Era un momento precioso que yo disfrutaba en silencio. Cuando llegábamos a la bodega nos duchábamos y preparábamos la cena (dos se encargaban de hacerla cada día, una enorme ensalada y algo de carne a la plancha o de queso) con ingredientes que se pagaban a escote. Para acompañar la cena cogíamos vino de unas cubas gigantescas que tenían un grifo con el que llenabas un depósito previo, en el que se veía por dónde llegaba el vino, y desde ahí ya llenabas la botella. A veces, para dejar el depósito en el mismo nivel en que lo encontrabas, dejabas correr el grifo, del que caía el vino como si fuese agua. Este depósito era subterráneo. Había que bajar una escalera para acceder a él. Y a medida que bajabas los peldaños olías los gases de la fermentación, que te mareaban. Siempre bajaban dos, por si uno perdía el conocimiento. Después de cenar, podías hacer dos cosas: o quedarte en la nave, charlando, escuchando a alguno de los que cantaban (lo hacían varios), o salir por el pueblo a tomar algo en un pub junto a otros chicos y chicas. Éramos jóvenes y salíamos casi todas las noches. Claro, que había un momento en la semana en que ya no podías con tu alma y te quedabas en la cama, a veces sin cenar. Hubo varias noches en que nos quedamos todos, hablando, bebiendo vino blanco y fumando porros, lo que sirvió para conocernos mejor. En esas veladas uno de los de

Madrid (Alberto) nos contó cómo robaba libros en la librería Fuentetaja, una de las mejores librerías de Madrid en aquella época. Uno de los de Sevilla (Josemi) cantaba canciones melancólicas que nos dejaban a todos ganas de llorar. Otro de Madrid (Carlines, que se hacía llamar el Brujo) hacía recitales con canciones conocidas a las que cambiaba la letra por otra humorística de su invención. El de Cáceres (Rubén), que estaba deprimido y todos los días tomaba varias pastillas, algo que nunca habíamos visto hacer a un joven, y que se pasaba el día callado, nos recitaba los poemas que le dedicaba al tiempo ("eh, tú, tiempo, charlatán, impostor", le gritaba), a los gatos, a la música (*plástico*, llamaba a la de Supertramp)... Los dos de Cóbreces eran muy distintos. Uno era algo mayor que el otro. Quizá un año o dos. Se llamaba Raúl y contaba que habían (hablaba en plural) dejado la casa hacía meses y empalmando trabajos en el campo (recogida de cerezas, de ciruelas, de manzanas, de uvas...) no pensaban volver hasta casi finales de año. "Incluso si no trabajases y no tuvieses ingresos, podrías vivir de todo lo que va ofreciendo el campo, un fruto tras otro. En todo momento hay vitaminas y proteínas a disposición del caminante. ¿Verdad, Bauti?". Y siempre intentaba meter en su entusiasta conversación al otro chico de Cóbreces, Bautista, que era cojo (una cojera bastante pronunciada), algo más joven que él y que casi nunca contestaba a los requerimientos de Raúl. Después de la uva en La Mancha tenían pensado irse a la pera en Lérida. "Aquello es más duro, porque los Pirineos andan cerca y el frío se nota enseguida." Raúl era inteligente, vivo, juicioso, alegre. Siempre estaba de buen humor. Ejercía un poco de padre del otro, de Bautista, que era más descerebrado, más como éramos todos, jóvenes productos de nuestra época (en permanente rebeldía con la sociedad convencional, "desesperados" porque el mundo no nos entendía, malditos, en contra de casi todo, a favor de unas pocas ideas puras, bla, bla, bla..., toda la falsa panoplia juvenil). Si Raúl bebía un par de vasos de vino y se ponía contento, Bautista bebía una botella y se ponía pesado, muy pesado. Si Raúl daba dos caladas a un porro, Bautista se fumaba dos seguidos. Si Raúl daba un paseo después de cenar, Bautista se iba a un pub a beber cubatas y volvía a las mil y monas tropezando y haciendo ruido. En esas ocasiones Raúl estaba atento a su llegada para ayudarle a meterse en la cama sin hacerse daño. En una cosa los dos se parecían: eran muy cumplidores con el trabajo. Aunque se hubiesen acostado tarde y bebidos, a las seis estaban en pie, los primeros. Y al llegar al majuelo eran los primeros en ponerse a trabajar. Casi nunca trabajaban en pareja. La cojera de Bautista le hacía muy orgulloso. Jamás consentía que tú hicieses más que él, o que intentases ayudarle. En esos casos se cabreaba con facilidad. Tenía un humor sombrío, aunque él presumía de ser risueño. Le gustaba contar chistes, con los que quien más se reía era él. Cuando Raúl demostraba tener éxito en el grupo, con bromas o payasadas, Bautista trataba de superarle. Pero casi siempre sacaba a relucir su lado patoso y amargado, que siempre estaba listo a saltar. Raúl contaba que los meses de invierno los pasaban en Cóbreces, trabajando en algún barco. "¿Sois pescadores?", le preguntó un día Josemi. "Yo soy pescador", dijo Raúl y no dio más explicaciones. Todos nos imaginamos que a Bautista no lo querían en ningún barco, pues la inestabilidad que le proporcionaba su cojera debía de ser un riesgo que ningún patrón querría correr. Alguna vez que Bautista salió de juerga y Raúl se quedó en la nave, nos contó que Bautista vivía con sus abuelos, que lo mimaban y malcriaban y le daban dinero para todos sus caprichos, incluso para aquellos que más daño le hacían. Hablaba de él, por decirlo con lugares comunes, con la severidad de un padre, pero con la ternura de una madre.

En la Puebla de Almoradiel estuvimos casi un mes trabajando en la vendimia. Acabamos agotados. Pero fuimos felices derrochando juventud y camaradería.

Al final todos estábamos deseando que acabase para

volver a casa. Desde entonces no volví a ver a nadie de aquella cuadrilla. Bueno, sí. A Alberto. Un día estaba yo en Fuentetaja y le vi entrar dando zancadas, con pasos decididos, se internó en la trasera, la parte en la que normalmente solo entraban los dependientes y en la que había muchas estanterías con los libros que no cabían en la parte delantera, y no tardó en salir con las mismas zancadas y pasos decididos, sin esforzarse demasiado en que no se le notase que iba sujetando algo que llevaba debajo del abrigo. No dio tiempo a que hablásemos nada.

Así que cuarenta años después de aquello, un día de verano yo estaba yendo con Elena y con las chicas a Cóbreces a conocer el pueblo del bisabuelo.

Ya durante el camino les conté algo de aquel verano en el que vendimié en un pueblo de La Mancha y conocí a dos muchachos que eran del pueblo al que nos dirigíamos y que ahora serían dos viejales como yo. Después, mientras recorríamos el pueblo, fui contando todos los detalles que recordaba: su aspecto físico, su carácter, la relación que tenían... Quería que todos tuviésemos la misma información, por si uno de nosotros veía a alguien que respondiese a aquellas señas.

Lo primero que vimos fue una torre altísima de una iglesia y un monasterio bastante aparatoso, un monasterio cisterciense, neogótico, levantado al parecer en el siglo XIX. Elena no se imaginaba que el pueblo de su abuelo tuviese aquellas dos obras tan colosales, por lo espectacular. En nuestro primer paseo vimos una placa que decía que el famoso Bertín Osborne se había comprado una casa allí cerca. En fin, que era un pueblo muy puesto al día, bien instalado en el mundo moderno.

En algún anuncio callejero vimos que en la tienda del monasterio se vendían quesos o dulces o licores o algo de eso. Tardamos en encontrar la tienda, en la que nos recibió un monje alto, flaco, con un ojo totalmente blanco, y una actitud muy antipática, desagradable. No tenía nada de lo que le preguntábamos. Durante todo el tiempo el ojo bueno, como independientemente de él, por sí mismo, nos examinó de uno en uno, de arriba abajo. Aquel monje, todo él, expresaba hostilidad. Intentamos tener una conversación cordial, pero en todo momento nos contestó con gran severidad, marcando la distancia. Fue muy incómodo. Cuando ya nos íbamos nos preguntó de dónde éramos y mientras Elena le decía que tenía antepasados de aquel pueblo el ojo autónomo se volvía loco volviéndonos a examinar a toda velocidad. Cuando le dijimos que veníamos de Madrid, echó el aire por la nariz como si con eso quedase todo explicado. Ya con la puerta abierta y las chicas fuera me volví a preguntarle si él era de allí. Fue el único momento en que se quedó como desarmado, en inferioridad. "No", dijo, como si fuese insultante dudarlo. "¿Por qué?" "Era por si conocía a dos hombres que yo conocí hace cuarenta años." "No, no, no...", negó con la cabeza violentamente, como si la sola idea fuese espantosa. "Yo aquí solo llevo cuatro años. No conozco a nadie. Bueno, a casi nadie. ¿Cómo se llamaban?" "Raúl y Bautista." Dijo: "No", pero lo que expresó con el tono, el gesto y los movimientos del cuerpo fue: "Qué estupidez, cómo voy a conocer a alguien con esos nombres".

Todo en aquel hombre había sido ofensivo. A mí me entraron unas ganas enormes de largarme de aquel pueblo, pero las chicas tenían sed y querían beber algo. Entraron a un bar y yo me quedé fuera, no quería tener trato con nadie. Cuando salieron Elena me preguntó: "¿Cómo era Raúl físicamente? ¿Rubio, con gafas, con barba...?" Pues sí, efectivamente, aunque podía haber cambiado mucho. "Puede que el del bar sea él." Me asomé con cierto temor, pues no habría sabido qué decirle, pero no era él. Aquel hombre era mucho más joven. Raúl tenía que ser como mínimo como yo, cerca de sesenta, y aquel chico tendría cuarenta años escasos. Estuve a punto de entrar a preguntarle, pero me di cuenta de una cosa: realmente yo no quería encontrarme con ellos. Mi familia podía ser testigo de una escena que para mí podría ser bastante humillante. Un desconocido se ponía delante de ellos y pretendía que por haber coincidido unos días en una de las mil cuadrillas en las que trabajaron hacía cuarenta años, tenían que recordarle. Yo seguramente los reconocería, pero ellos a mí lo dudo mucho. Era posible que ni recordaran aquel pueblo de La Mancha. No, no quería preguntar a nadie. Pero me fijaba en toda la gente con la que nos cruzábamos, incluso jóvenes o niños, o hasta niñas, en los que podría reconocer rasgos de aquellos muchachos que yo recordaba.

Llegó un momento en que ya habíamos recorrido todo el pueblo y ya no sabíamos qué hacer. Elena debía de sentir que el viaje al pueblo de su abuelo había sido en balde. No había sacado nada en limpio. Nada. Ni dónde había vivido su abuelo, ni cuándo se habían ido, ni si aún había familia en el pueblo. No sabía ni qué preguntar. "Vamos al cementerio. A ver si hay gente con mi apellido", propuso. Nos gusta visitar los cementerios. Los pequeños, pero también los grandes. El último había sido el cementerio de Praga, para ver la tumba de Kafka. En ningún lugar la muerte es menos siniestra que en un cementerio. En ellos todo es firme, duro, un grito de afirmación. Allí la muerte, la desaparición, parece la cosa menos definitiva del mundo. Uno siente que son los lugares a los que se ha retirado la gente más delicada.

Preguntamos por el cementerio y nos imaginamos que estaría bastante retirado, pero resultó que podíamos ir andando y que había casas muy cerca. La puerta solo estaba entornada. Nos dispersamos y cada uno siguió una fila de tumbas y de nichos diferente. Caminábamos en silencio, sin encontrar ningún apellido conocido. "Mirad", llamó Elena. Había encontrado una lápida en la que figuraba el segundo apellido de su padre. El primero no tenía nada que ver. Como si fuesen setas, buscamos en las tumbas de alrededor. Pero no encontramos ninguno. Poco a poco nos fuimos separando de nuevo. Me fui a una pared de nichos en la que había lápidas más viejas y más nuevas. En una de ellas, de mármol blanco, a ras del suelo, leí:

JUAN
BAUTISTA
LÓPEZ
GRANDE
† 15-6-1985
A LOS
25 AÑOS
RESTOS DE
SUS
ABUELOS

Al principio pensé: mira, se llamaba como él. Pero enseguida me di cuenta de que era él. Las fechas coincidían. Este había nacido en 1960, un año después que yo, más o menos lo que yo había calculado. Y no podía ser que en un pueblo tan pequeño hubiese dos chicos con una edad muy parecida y que tuviesen el mismo nombre, un nombre tan poco común. Además estaba la mención a sus abuelos. Me quedé de piedra. Aquel muchacho, que había seguido cumpliendo años en mi imaginación, al que yo suponía rodeado de hijos, había muerto con 25 años, tres o cuatro después de que yo lo conociera. Algunas letras habían perdido la pintura negra y no se leían bien. Había pasado mucho tiempo. Llamé a las chicas. Ninguna dudó que fuese él.

Seguimos hasta el final del cementerio. Yo no me podía quitar de la cabeza la imagen de Bauti cuando gastaba alguna de sus bromas despreocupadas. Qué pasaría. ¿Drogas, alcohol? ¿Cómo pudo morir tan joven? ¿Alguna enfermedad? No podía dejar de pensar que aquel chico mimado por sus abuelos, sin ocupación durante el invierno, había muerto de alguna borrachera, o de alguna sobredosis. Poco después del año de la vendimia la heroína fue atrapando a muchos jóvenes sin rumbo.

No encontramos más apellidos de la familia de Elena. Antes de salir fui otra vez ante la lápida de Bauti. Y entonces me fijé en la que había exactamente encima, una lápida de granito con letras blancas e inclinadas en la que no había reparado antes:

"El señor es mi pastor,
nada me falta" (Sal 23)
D. Raul
Santiago Cáceres
*20-2-1958 †15-8-2002
D.E.P.
Siempre te recordaremos

Allí estaba Raúl. Un año más que yo. Dos más que Bauti. Lo que yo había calculado. Raúl, su amigo, que tanto lo cuidaba y tanto se preocupaba por él. Aquel muchacho que ejercía de padre de su amigo, estaba sobre él, protegiéndole, incluso en la muerte, en el más allá. Diecisiete años después de que muriera su amigo, Raúl lo seguiría teniendo tan presente que o bien él o bien su familia habían conseguido que lo enterraran a su lado.

La oscura silueta de una persona que vemos entre la niebla. Cuando emerge junto a nosotros corresponde a alguien que va vestido de blanco.

Qué extraordinario libro *Pájaros de la ciudad y la aldea*, de W. H. Hudson. Paseamos por el campo inglés con una persona de una voz fascinante que nos va mostrando la naturaleza y haciendo reflexiones sobre asuntos que le importan mucho. Un libro vagabundo que le habría encantado a Stevenson. Qué maravillosas palabras sobre la cautividad de los animales y sobre su muerte en medio de la naturaleza. Y cómo me gusta su furia con los que se muestran crueles con los animales. Llega a justificar que se usase la violencia contra un niño que está destruyendo todos los nidos de los alrededores.

Cuando Boswell visita a Kant hay un momento en que uno de los presentes se ausenta de la conversación. Boswell pregunta que dónde ha ido y le dicen que a anotar la conversación que está teniendo lugar y que no tardará en verla impresa en alguna de las obras que publique. Boswell lo ve como una puñalada por la espalda, seguramente porque se le ha adelantado. Es lo que él solía hacer. Es un patético presuntuoso este Boswell, que dice que Kant siente envidia por él, por Boswell, por conocer personalmente a Hume, a Rousseau, a Johnson, a quienes él, Kant, solo conoce de haberlos leído. También dice que cuando Kant le aventura que también conocerá a Voltaire y Boswell se lo confirma, Kant comete la infantilidad de maravillarse de sí mismo por acertar en algo que ha dicho en broma, y no de que Boswell conozca a Voltaire. Un poco fato, el pobre Boswell. Pero el doctor

Johnson lo pondrá en su sitio en muchas de las conversaciones que reproducirá el propio Boswell, en las que sospechamos que no está entendiendo el mal papel en que lo está dejando Johnson.

Igual que la humanidad se beneficia de los grandes descubrimientos de algunas individualidades (de Newton, por ejemplo, parten muchos de los inventos y descubrimientos que nos proporcionan bienestar), también la humanidad pena porque alguna individualidad ha conseguido imponer alguno de sus tormentos. Por ejemplo, la idea de la condenación eterna del alma, de su sufrimiento eterno por vivir fuera de la religión, es un terror neurótico que algún personaje desequilibrado y timorato consiguió contagiar a gente con menos capacidades intelectuales pero más decisión y fuerza para imponerse a los demás.

Hay un momento espléndido en *Días de ocio en la Patagonia*, libro todo él espléndido, de W. H. Hudson, y es cuando el narrador le deja sus gafas a un pastor y este descubre la multitud de hojas que hay en un árbol cercano y todas las cosas del mundo natural que su vista defectuosa le mantiene ocultas. Es muy gracioso porque el pastor se resiste a devolverle las gafas. Digamos que "ve" por primera vez en su vida. En *La encrucijada del roble*, maravillosa novela de Elizabeth Crook, hay una escena parecida, cuando el predicador Dob le presta sus gafas a Benjamin, el narrador, y este descubre la cantidad inimaginable de estrellas que hay en el cielo, y ve con absoluta nitidez los detalles de todas las cosas que les rodean (las chispas que saltan del fuego, los ojos de una comadreja que se asoma entre la vegetación, las ramas del caqui que crece sobre ellos, cada una de las hojas…, un mundo que nunca había visto, distinto al que conocía). Y es feliz por el simple hecho de mantener los ojos abiertos. Supongo que ambos pasajes proceden de experiencias parecidas. El mundo permanece escondido porque está a la vista. Nada oculta tanto como la presencia. Ver nos confunde mucho sobre el mundo visible.

Jesús, sorprendido de que el símbolo con el que se le asocia sea la cruz, un objeto que aparece al final de su vida, que él prácticamente no ve, aturdido por el dolor y el sufrimiento. Él habría esperado otros muchos, un pan, un pez, una copa de vino, objetos que recordasen sus milagros, que aparecieron en momentos centrales, luminosos de su vida. Tal vez la borriquilla con la que entra triunfante en Jerusalén o las hojas de palma… No esos maderos cruzados que vio por primera vez aquella tarde oscura camino de un monte al que nunca había subido.

Las comparaciones, las metáforas, tienen un funcionamiento asimétrico. Cuando Ramón Gómez de la Serna dice que la etimología es el hueso incomestible de las palabras, establece una imagen muy ajustada y brillante. Pero si le damos la vuelta y decimos que el hueso de una fruta es su etimología, sentimos que estamos siendo oscuros y confusos.

Título de comedia erótica: *El orificio de vivir*.

Durante los primeros meses de la Guerra Civil toda la raya de la frontera con Francia y con Portugal se llenó de franceses y portugueses curiosos que acudían con sillas y todo a ver una guerra en directo.

Las playas en verano son el reino de las sombras. Todo el mundo se pliega a imitarlas y se tumban en el suelo, como ellas.

Cuando el viento agita el eucalipto hace en el aire una tisana con su olor.

Vemos una acacia en el Retiro y parece que se ha escapado de la acera.

Quizá alguna de las especies animales sea descendiente de una invasión extraterrestre que vino a conquistar la Tierra y fue derrotada.

Hoy la creencia generalizada, incluso entre la mayoría de creyentes (aunque afirmen lo contrario), es que después de la muerte no hay nada. Antes, hasta entrado el siglo XX, todo el mundo creía en la inmortalidad del alma. Casi diría que también los ateos. El ateísmo era una postura moral, una manera de expresar que uno se sentía moralmente superior a Dios, que permitía el dolor, el sufrimiento, la injusticia. Entonces había un terror a la muerte repentina. Cunqueiro agradecía su diabetes, que le iba acercando lentamente hacia su final, y recordaba las oraciones que había para pedir por que no te alcanzara una muerte súbita, que te podría impedir poner tu alma en paz y llegar a presencia de Dios en pecado mortal y sufrir la condenación eterna. W. H. Hudson lo confirma al explicar el miedo por las serpientes y por el rayo como terror por la muerte súbita: "Se nos ha enseñado a rogar desde la infancia contra la muerte repentina; son muchos los que creen que sus probabilidades de una feliz inmortalidad aumentan enormemente cuando la muerte se acerca lentamente a ellos, podríamos decir de una manera visible, de modo que el alma dispone de

amplio tiempo para ponerse en paz con la incensada dei-
dad". Hoy, sin embargo, incluso los creyentes, ven como
una bendición la muerte rápida, sin sufrimientos.

Antes de que el hombre soñara la forma de las armas, los metales ya buscaban el modo de alcanzar su
aspiración, la punta y el filo. Es un misterio el modo en
que inducen a las criaturas que entran en contacto con
ellos a lograr su objetivo. Los metales necesitan manos
en su camino hacia el arma y esas manos son el hombre.
Y una vez alcanzada su forma no se detienen. Forzarán
a ser violento a quien la empuñe, que creerá que el arma
es su herramienta, no al revés.

El aceite es el sol de las croquetas, que las pone morenas.

En el arranque de nuestro campo había una palmera
que resistía alegremente los rigores del invierno y que
al llegar la primavera y los primeros calores cabeceaba
mansamente, como expresando su bienestar, como
asintiendo.
Cuando levantaron una tapia junto a ella, la palmera
dejó de recibir el sol durante todo el día. A partir de las
cinco ya pasaba la tarde en sombra. Y cuando hicieron el
edificio que la dejó arrinconada, se volvió loca. Primero
se quedó calva. Después echó hojas de sauce, tristes y

lánguidas hojas de llorón. Algunas noches se le encrespaban como si tuviese pesadillas. Cambió de color. Y de voz: dejaron de frecuentarla los gorriones y ya solo se posaban en ella los chillones tordos. Comenzó a oler a tablón recién aserrado.

Cuando W. H. Hudson era niño en la Pampa, hacia mediados del siglo XIX, su familia comía patatas, pero no así los campesinos indígenas. Cuenta que una de sus hermanas tenía una amiguita a la que un día invitó a comer. La comida era carne con una patata asada y té. La niña, que no sabía qué hacer con la patata, la echó en la taza del té y la aplastó hasta formar una pasta semilíquida que comió con cuchara. El propio Hudson dice que los ingleses comen patatas gracias a Walter Raleigh (siglos XVI-XVII). Es decir, los ingleses no pasan hambre desde hace siglos. Sin embargo, en España, incomprensiblemente, la patata no se come desde el descubrimiento de América, como cabría esperar. A mediados del siglo XIX vemos que en Argentina, teniéndola a mano, no la comían. Y aquí en la península, las tierras donde hoy se cultiva la patata no llevan el nombre de "patatal" o similar, sino el de "nabal" o "linar", lo que quiere decir que en ellas no se cultivaron patatas hasta fechas relativamente recientes (en algunos lugares se cultivaba como flor ornamental, pues tiene una flor muy vistosa). El nabo debía de ocupar el lugar de la patata en la dieta, debía de ser la fuente de hidratos de carbono. Es inexplicable. Algo así solo puede tener explicación en un prejuicio aristocratizante. Quizá desde el principio la patata fue vista como un alimento plebeyo, de gente baja (la comían los indígenas), y los nobles españoles la desdeñaban, y con ellos el resto de la población, en la que había tantos que se tenían por hidalgos, o que lo eran realmente.

Durante un paseo por el campo, por la naturaleza salvaje y solitaria, es frecuente que veamos sentidos ocultos en alguno de sus elementos: un árbol, una flor, una nube, un animal, una ráfaga de viento, un olor... Mensajes dirigidos a nosotros y solo a nosotros desde un mundo invisible.

Canto a la frustración por lo que quisimos hacer y no hicimos, que nos salva del infierno del remordimiento por lo que hemos hecho

El mayor esfuerzo que debe hacer el escritor es concentrarse en distraerse.

El agua que hay en el fondo de la fosa de las Marianas tiene sobre ella un océano con un espesor de más de diez kilómetros, y se puede imaginar qué peso representa tal masa. Semejante presión impide que esa agua del fondo pueda escapar, pueda variar su posición. Esa agua está ahí, inmóvil, desde que se formó la fosa. Es un fósil de aquella agua. Hay peces, pero la presión es tan grande que no pueden vivir. Pero tampoco morir. Morir supone un cambio y allí no es posible.

La sencillez y la simplicidad están peleadas. De hecho son opuestas.

Desde mi ventana veo la huerta del convento. Antes de la cuarentena cuando veía pasar a una de las monjas de clausura sentía compasión por ella.

Quizá algún niño que ha pasado encerrado por la cuarentena sus primeras semanas de vida acabe sus días en la cárcel.

Cae de la rama una manzana y golpea el suelo como un pisotón. Parece un acto voluntario del paisaje. Y ese golpe tiene algo de dramático, de violencia innecesaria.

La famosa frase de Mae West ("Cuando soy buena, soy muy buena. Pero cuando soy mala, soy mejor") es tan inteligente que justifica toda una vida. Tienes que tener en la cabeza que está hablando pícaramente y después darte cuenta de que está mezclando dos códigos o sistemas de valores. Si lo has entendido a la primera, cualquier explicación es idiota y como que le resta inteligencia.

El Más Allá, a pesar de su naturaleza espiritual, tiene una consistencia tan firme, tan segura, que parece más real que este mundo. Por eso nadie vuelve. Quienes llegan a aquel pierden la fe en este mundo. No creen en él.

En la tercera temporada de *Babylon Berlin* está el personaje más conmovedor que he visto en años. Greta, la criadita que participa en el asesinato de un policía judío y su hijita, cómplice engañada y manipulada por su supuesto novio. Que acepta su condena a muerte y quiere que se cumpla, pues la única posibilidad que tiene de sobrevivir es que la maten. Y ni así es seguro que sobreviva. Convencida como está de que deben matarla y de que va a morir, algo dentro de ella quiere seguir viviendo, aunque no lo puede decir, no lo puede expresar. Por eso en el último momento dice otra cosa, algo diferente, que sin embargo quiere decir eso, que quiere seguir viva: "No me olvides", le pide a su compañera de celda, una compañera que al principio es hostil con ella, pero que acaba cumpliendo el único deseo que Greta expresa desde que la detuvieron: "¿Me puede abrazar?"

A la puerta de la tienda de cómics, un supermán de cartón a tamaño real. Para que no se lo lleven, está encadenado.

Jesús visita a Lázaro en su casa. Marta sabe que, bajo la apariencia de ese hombre amable y educado, Dios, el Dios omnipotente, el Creador del mundo, quien podría resolver todos sus pesares, está cerca de ella. Pero las obligaciones, las tareas de la casa, que son muchas, le impiden prestarle la atención que le gustaría darle. Siente que sería una ofensa para Él desatender el papel que le ha asignado en la vida.

Ya hemos visto en un artículo cómo desde hace siglos los escritores varones han practicado los desdoblamientos léxicos de manera espontánea, unas veces por clarificar lo que dicen, pero otras veces para visibilizar a las mujeres en contextos negativos. También ocurre que hay escritoras que no desdoblan, cuando podrían, o que usan el masculino genérico en casos en que aparecen mujeres, incluso en casos en que solo aparecen mujeres. Vemos que el desdoblamiento léxico como reivindicación feminista es una preocupación muy reciente.

Carmen Caro: *Diario de una amazona en la Casa de Campo* (Madrid: Caro Raggio, 2012, p. 159). La autora (sobrina nieta de Pío Baroja, sobrina de Julio Caro Baroja, hija de Pío Caro) cabalga una yegua por la Casa de Campo (el libro, muy original, pues cuenta excursiones a caballo por la Casa de Campo, es una delicia) mientras conversa con su amiga Mila, que también cabalga una yegua:

"Mila ha exclamado:

—¡Menos mal que nos quedan los caballitos. Qué sería de **nosotros** sin ellos!".

Podría tratarse de una errata. Pero una página más adelante dice:

"En el camino de Valdeza nos hemos parado a tomar el sol, y **los cuatro** nos hemos quedado **quietos** como estatuas disfrutando de la tarde templada."

Carmen Martín Gaite: *Usos amorosos de la posguerra* (Barcelona: Anagrama, 1994, p. 11):

"Siempre que **el hombre** ha dirigido su interés hacia cualquier época del pasado y ha tratado de orientarse en ella, como quien se abre camino a tientas por una habitación oscura, se ha sentido un tanto insatisfecho en su curiosidad con los datos que le proporcionan las reseñas de batallas, contiendas religiosas, gestiones diplomáticas, motines, precios del trigo o cambios de dinastía, por muy convincente y bien ordenada que se le ofrezca la crónica de estos acontecimientos fluctuantes. Y se ha preguntado en algún momento: «Pero bueno, esa gente que iba a la guerra, que se aglomeraba en las iglesias y en las manifestaciones, ¿cómo era en realidad?, ¿cómo se relacionaba y se vestía, qué echaba de menos, con arreglo a qué cánones se amaba? Y sobre todo, ¿cuáles eran las normas que presidían su educación?»".

En esta obra la autora emplea profusamente la palabra *hombre*. Y en el contexto de este libro la palabra *hombre* está muy marcada como referida a 'varón', pues continuamente se hacen consideraciones sobre los papeles representados en el juego amoroso por hombres y mujeres. En este pasaje, sin embargo, la palabra *hombre* se refiere al 'ser humano', y resulta un tanto chocante que no emplee una palabra o una expresión menos marcada.

Carmen Martín Gaite "Siguiendo el hilo", prólogo a *La princesa y los trasgos*, de George MacDonald (Madrid: Siruela, 1995, p. 31):

"Este epistolario de Lewis Carroll con las niñas MacDonald es tan delicioso que no sabe **uno** qué trozo escoger".

¿Por qué no dice *una*, que sería lo más natural? Para mí es un misterio.

En 1882 Nietzsche anunció al mundo que Dios había muerto. La noticia fue celebrada y jaleada por intelectuales y artistas. Dios no se dio por aludido. Se limitó a alejarse y recluirse en un lugar apartado, Huautla de Jiménez, en la mexicana sierra mazateca. Allí esperó pacientemente su momento, que llegó la noche del 9 de agosto de 1953, en la cabaña de una vieja chamana, María Sabina, que conduce un rito al que asiste el banquero neoyorquino Robert Gordon Wasson. Y en un rinconcito en penumbra, exactamente ahí, es donde María Sabina le revela que está Dios, en un lugar vacío, en el que no se ve absolutamente nada. Dios quiere recuperar su ubicuidad.

Woody Allen y Dick Cavett caminan por una acera de Coney Island Avenue. De pronto la línea de fachadas se interrumpe. Se abre una gran boca, un gran solar entre dos edificios de viviendas. Se han callado, miran en silencio. Siguen por la acera hasta que llegan al centro del gran hueco y desde ahí pasan al solar. Avanzan unos pasos y se desvían a la izquierda. "Las impares", dice Woody. Se detienen, como si un muro les impidiese el paso. Después franquean una puerta imaginaria, uno detrás de otro. Avanzan otra vez de frente por el solar. A medida que se internan van contando. "Cincuenta, cuarenta y nueve, cuarenta y ocho, cuarenta y siete..."

Aún faltan muchos pasos para llegar al fondo. "Treinta y cuatro, treinta y tres…" Caminan despacio, mirando hacia los lados. "Veinte, diecinueve, dieciocho, diecisiete, dieciséis, quince. Esta es la fila." Ahora se mueven hacia el centro lateralmente, como si el paso fuese estrecho. "Tres y uno. Estas son nuestras butacas." Miran la pared del frente, donde acaba el solar, de cemento, cruzado de grietas y de rayas, en la que a veces asoman los ladrillos. "¿Ves el mar?, ¿ves cómo avanza hacia la derecha el Lydia con todo el trapo desplegado?" "Veo un paisaje desierto con un árbol solitario. En aquella mancha de la pared estaba la rama de la que colgaron a Dana Andrews. "

Creo que la burla constante que se trae Woody Allen en su *Autobiografía* con sus padres se debe a que escribe su libro con ochenta y tantos años. Seguramente si lo hubiese escrito con cuarenta esta parte no habría sido tan satírica. Habría sido más respetuosa. Si cada año escribiésemos nuestra autobiografía saldrían libros completamente distintos. En cada época pondríamos el acento cómico, o el acento dramático, en una edad diferente. Por ejemplo, nuestra adolescencia a los veinte o los treinta la contaríamos con mucha gravedad, incluso con solemnidad; a los cuarenta o los cincuenta se contaría con pitorreo, con burla; y a los ochenta la contaríamos con compasión.

Nuestro cuerpo, al estar tan cerca de nosotros, al estar tan pegados a él, nos parece sobre todo una construcción mental, uno más de los pensamientos que constantemente tenemos. Para nosotros, la delicadeza de espíritu y la delicadeza de rasgos van unidos. Ambas nos parecen deliberadas, productos de la voluntad. Admiramos a la gente guapa como si fueran responsables de su aspecto. Como si su belleza la hubieran diseñado ellos. Y vemos a una persona inteligente que tiene unos rasgos bastos o un cuerpo feo y nos parece estúpida porque no ha sabido elegir. Yo habría escogido una nariz más corta, pensamos sin verbalizarlo. ¡Parece tan fácil la belleza cuando se contempla! Lo mismo que la inteligencia cuando se la observa en pleno funcionamiento.

Imaginemos que el hidalgo, que está desconectado de la realidad diaria, es cuerdo, razonable, con sentido común. Y que el escudero, el hombre del pueblo, un poco ignorante, refranero, tiene la cabeza llena de fantasías y quimeras. Pues eso es lo que plantea Galdós en *Misericordia*. Darle la vuelta al *Quijote*. La señora, que vive en un mundo que no existe, un mundo de príncipes y duques y marquesas, es una mujer juiciosa. Y Benina, que está en permanente contacto con la vida diaria, es una insensata. *Misericordia*, novela que es toda ella prodigiosa, tiene dos momentos de una altura descomunal. Uno es cuando Benina, la criada, está discutiendo con la señora, las dos acostadas y a oscuras, y la señora le dice a Benina algo muy hiriente. Y Benina, que es respetuosa y afectuosa con la señora, salta furiosa y le dice que es mentira y la señora se queda callada. Galdós consigue que veamos las reacciones de esas dos personas, invisibles en la oscuridad. El ataque de dignidad de esa perdedora total y el repliegue de la señora soberbia, mandona. El otro momento fabuloso es cuando el cura que ha inventado Benina, un hombre imaginario, se presenta en casa.

Recuerdo la lectura de *Justine*, de Lawrence Durrell, como una de las experiencias más altas de mi vida de lector. Qué narración tan inteligente, tan honda, tan delicada. Cómo nos deslumbran y enamoran los sentimientos de Justine, tan finamente expuestos. Yo viví en la atmósfera de Justine durante mucho tiempo. Poco después fui a Alejandría y me alojé en el Hotel Cecil, solo por seguir viviendo aquella atmósfera. En el vestíbulo aún estaban las palmeras junto a las que se sentaba Justine y el espejo en el que se reflejaba, todo ya muy envejecido. Era muy melancólico.

Creo en el mundo como creo en una margarita.

Porque lo veo. Pero no pienso en él.
Porque pensar es tanto como no comprender...
El mundo no se hizo para pensar en él
(pensar es como estar enfermo de los ojos),
sino para mirarlo y asentir.
(F. Pessoa)

El pensamiento no como una conquista, sino como un fracaso. Qué grande es Pessoa.

El paleontólogo Yves Coppens proporciona un montón de noticias que le habrían encantado a Cunqueiro. Por ejemplo, que el adorno más antiguo que se conoce es una concha agujereada que tiene 100 000 años y se usó como colgante. Que el arco más antiguo que se ha encontrado (en Alemania, de madera de pino) tiene 18 000 años. Que el hombre domesticó la higuera (hace 11 000 años) antes que el trigo. O que al neandertal le encantaba la carne y prefería la de reno a la de bisonte. Cuenta que hay una arqueología de los chimpancés, animales que no solo tienen cultura, sino culturas: los de Tanzania extraen termitas con ramas que preparan ellos mismos y los de Senegal se fabrican, también con ramas, armas para matar a otros monos, que después se comen; Jane Goodall ha visto grupos que organizan patrullas para defenderse del ataque de chimpancés vecinos, y machos que realizan delante de las hembras, al llegar las primeras lluvias, danzas rituales, quizá en agradecimiento a una divinidad del agua; los de Costa de Marfil usan percutores de piedra para partir nueces, y en un yacimiento de hace 4300 años han aparecido esos mismos percutores de piedra, con marcas de uso y restos de almidón de las nueces, percutores de granito, material que no emplean los humanos de la zona. Cuenta que hasta ahora se pensaba que el fin de la cultura que levantó los moáis en la isla de Pascua se había producido por la deforestación que sufrió la isla, causada por el propio ser humano. Pero se han encontrado muchos huesos de roedores, muchos más que espinas de pescado, lo que en una isla resulta extraño. Y ahora los arqueólogos piensan que tal vez los roedores que llegaron a la isla con los primeros pobladores tuvieron un gran éxito reproductor (su nuevo hábitat no les tenía reservado un depredador) y acabaron con las nueces y semillas de toda la isla, lo que llevó a la deforestación y a la hambruna que diezmó la población humana. Así explica las famosas huellas de Laetoli: dos adultos y un niño caminan sobre un lecho de cenizas volcánicas. Uno de los adultos pisa sobre las huellas del otro. En cierto momento, el niño se para, se da la vuelta mirando alrededor y vuelve a seguir tras los adultos. Los tres son australopitecus (hace casi cuatro millones de años). Solo son unas huellas, pero se puede ver perfectamente esta secuencia. Y habla de unas huellas más recientes, del paleolítico, en la cueva de Fontanet, en la que se puede ver otra escena del remoto pasado: un niño corre tras un zorrillo (se ven las huellas de ambos). De pronto las huellas del niño muestran que se ha caído. Se observan en el suelo las improntas de los dedos de las manos, en las que se apoya al caer y en las que se aprecia que el niño se mordía las uñas. Una última curiosidad: se sabe que la diferente longitud de los dedos índice y anular es de naturaleza sexuada: en los hombres es más largo el anular, en las mujeres el índice. Según esto, se puede saber si los miles de huellas de manos que hay en las cavernas del paleolítico son de hombres o de mujeres. Por lo que se ha podido comprobar hasta ahora, hay manos de hombres y de mujeres, pero lo curioso es que están agrupadas por sexos, lo que plantea un nuevo interrogante.

Al llegar la luz de la mañana, el vencejo es el murciélago que por fin ha aprendido a volar.

El bando de estorninos, como un cardumen, transforma el aire en agua.

La aparición del gato negro parece que anuncia una desgracia. No se equivoca: los niños lo van a apedrear.

El viento proporciona al árbol la sensación de haber salido a pasear.

La perdiz parece que por fin ha aprendido a llegar al suelo por el camino más recto, más rápido. Pero golpea el suelo sin abrir las alas.

De pronto ve el cazador su escopeta como unos tubos de los que salen soplos de muerte.

Sopla el viento y por fin el árbol demuestra que sabe hablar.

Desde lejos veo la mata de árboles. Cuando llego a ellos encuentro que los troncos se han separado. Guardan silencio. Descubro que por encima se dan la mano.

La urraca voltea la bosta seca de la vaca. Solo ella sabe que debajo esconde insectos.

En ese libro en el que Millás se lo pasa tan bien fingiendo que es un hombre primitivo, cuenta Arsuaga que los chimpancés son una especie muy violenta, muy agresiva. Continuamente los de un grupo están atacando a los de otro o matando crías para comérselas. Sin embargo, los bonobos, una variedad de chimpancés separados de los anteriores por un río, son pacíficos y nunca hay violencia entre ellos. Según Arsuaga son las hembras quienes han seleccionado a los machos más dóciles y pacíficos mediante el procedimiento de no aparearse con los violentos y de no dejarles, por tanto, transmitir sus genes. Es una sugerencia.

Mi madre recordaba muchas cosas de su infancia, una infancia dura, en un pueblecito, cuidada por su abuela, a la que quería como a una madre, alejada de su madre, a la que adoraba, y que trabajaba lejos. Muchas veces pienso en mi madre de niña, en la niña que tanto quería a su madre y a su abuela, una niña a la que tanto querían sus amigos (me lo han dicho ellos, de mayores). La veo correr por el pueblo y sus alrededores, saltar el caño, correr por la Vega, por el Valle, por el Couto, esperar bajo un cerezo a que caiga algo de fruta, acariciar a los perros de sus primos, haciendo todas las cosas que tanto recordaba. Trabajando en la era, cavando la huerta, pasando frío, calor, una niña feliz con la vida que llevaba. Una niña que ignora que va a ser madre de cuatro niños, cuatro mentes masculinas extrañas a la suya, pero que suplirán esa distancia con un enorme cariño. La imagino tanto de niña que no sé imaginarla de adolescente, ni de joven. Para mí, pasó de niña a ser mi madre.

La helada quiebra los tallos que sujetan las naranjas en la provincia de Misiones. Durante toda la noche Horacio Quiroga ha oído retumbar el suelo, como si por el lugar pasase una manada de caballos al galope. Se levanta cuando está amaneciendo. Los primeros rayos iluminan el suelo, que ahora es rojo. El sol parece estar brotando del interior de la tierra.

Vanessa Springora se esfuerza en *El consentimiento* en que sintamos el mismo rechazo que siente ella por el hombre que la manipuló sexual y sentimentalmente cuando tenía trece años. Nosotros tenemos una ventaja sobre ella y es que sentimos ese rechazo (ese asco) desde el principio y ella tardó en sentirlo dos años. Ella reprocha a su madre que la dejase seguir adelante. Pero también confiesa que se peleó con ella, porque ella, su madre, se oponía a aquella relación, y que amenazó (la niña) con suicidarse si se la impedía. ¿Qué podía haber hecho la madre? Lo que Vanessa quiere, y creo que de eso trata el libro, es cambiar el pasado. Destruirlo, aniquilarlo. El final es muy simbólico: coge los libros y las cartas que le escribió aquel pedófilo y los rompe en miles de cachitos. Esa es su manera de destruir el pasado, algo que claramente no consigue. Cerramos el libro y aún oímos a la autora que sigue dándole vueltas. ¿Cómo se cambia el pasado, nuestro pasado? El pasado se cambia queriéndonos a nosotros mismos. Asumiendo sinceramente quien fuimos. Solo el amor (suena cursi y manido, pero es verdad) puede cambiar realmente el pasado. Bajo la influencia del amor, el pasado se esfuma, se disuelve y se transforma en presente.

Otro ejemplo de la literatura del siglo XIX en el que una mujer le pide a su pareja que le pegue aparece en

Tristana. No se lo dice en un contexto masoquista, sino para enmendar su comportamiento. Es verdad que se lo dice de una manera figurada (bueno, una de las veces, porque lo dice al menos dos veces, que recuerde, es en un discurso muy disparatado). Es decir, lo que le dice es "regáñame, impídeme hacerlo". Pero dice "pégame" y a nadie le escandaliza, aunque quien escriba sea un hombre. Las cartas que se cruzan Tristana y Horacio son al principio una obra maestra de surrealismo y candidez. Poco a poco la voz de Tristana, contando una desgracia tras otra, se vuelve conmovedora, de una tristeza máxima, porque acepta todo lo que le ocurre. Recuerda mucho la voz de esa Elena Fortún enferma en sus últimas cartas. El caso de Tristana es un poco el de Lolita o el de Vanessa Springora. *Tristana* supera a ambos libros. Decía María Zambrano que solo esta novela habría sido suficiente para colocar a su autor en la historia de la literatura.

"A los cuerpos los une el placer. A las almas, la pena", dice Guido Ceronetti.

Podríamos pensar que "Yo es otro" y "Yo soy yo y mis circunstancias" son formulaciones de una misma afirmación. Pero acaso Rimbaud quería decir que lo que creemos que es el yo realmente es otra cosa. Ni siquiera un yo.

El fragmento es el género que mejor se adapta a esta época en la que cada vez se tiene menos tiempo libre. También el que mejor se adapta a nuestra cada vez más escasa capacidad de concentración. Y también el que mejor explica el funcionamiento de nuestra mente. Joyce, Faulkner, Virginia Woolf para tratar de reproducir el parloteo incesante de nuestra conciencia escribían textos corridos, sin puntuación, simulaban un movimiento continuo. Pero la conciencia es discontinua, fragmentaria, como la propia realidad. Opera a saltos. Pasa de ocuparse de lo que tienes que comprar en la tienda a exclamar algo, a fijarse en el color de las hojas secas del arce, a tararear un estribillo...

A César Aira le gusta mucho dar la nota, mostrarse único. Por ejemplo, dice que la influencia más fuerte en su formación de escritor fueron los tebeos de Supermán. En fin... También sostiene que lo que en realidad quiso escribir Kafka en *La metamorfosis* era la historia de un escarabajo que se transforma en humano. Lo que quería contar en realidad es la tragedia de convertirse en ser humano. Pero es que lo que dice Aira que Kafka pretende contar (los problemas, el terror de ser una persona) y lo que dice que no pretende (el drama del hombre expulsado del mundo de las personas, que ha dejado de formar parte de la humanidad) yo creo que viene a ser lo mismo, porque el terror de que nuestra identidad deje de formar parte de la humanidad es muy parecido al terror de abandonar una identidad anterior y entrar en la humana. Tanto si la metáfora va del humano al insecto como si va del insecto al humano, en el centro de las dos está el ser humano. No el animal, el monstruo. Y la que literariamente es más impactante, más efectiva, es la que elige Kafka. La otra, la que va del insecto al humano, solo tiene recorrido (la acaba de usar McEwan) cuando ya se conoce la de Kafka, solo funciona tras la de Kafka. Si Kafka hubiese querido incidir en el matiz del drama de convertirse en humano, habría contado la historia contraria de la que contó. Y todos los detalles elegidos (las patitas, el caparazón, la pelusa del suelo...) tendrían que haber apuntado en esa otra dirección. Es como afirmar que en *La condena*, o en *El proceso*, la intención no es mostrar cómo a todos los seres humanos se les procesa y se les condena sin más explicaciones, injusta, absurdamente, sino mostrar la tragedia de ser humano. Pues eso. Si es lo mismo. ¿Qué pretendía? ¿Una cosa o la otra? Como diría D. T. Suzuki: Sí. Aira tiene tantas ganas de mostrarse original, de separarse del grupo, que dice: Yo no pienso como vosotros. Y a continuación repite lo que pensamos nosotros.

Pone mucho énfasis Aira en que narrar en presente es recurso de escritor flojo. El verbo en presente hace que la narración pierda perspectiva y tome un tono oral barato, de sujeto entrevistado por periodista de televisión. Dice que es característico de las nuevas generaciones, que solo se interesan por lo que ven, oyen, tocan, lo que tienen ante ellos en el momento, y como habla de las pedestres narraciones de lo sórdido cotidiano, sospecho que ve en ellos influencia del realismo sucio americano. Es muy fácil refutar a Aira: "El juicio de Dios", "Caballo en el salitral", "Aballay", "Pez", de Antonio di Benedetto, están contados en presente.

Leo la biografía de Miquelarena que ha escrito su nieta, en la que me llaman la atención algunas lagunas, como las pocas noticias que hay sobre su mujer o sobre su hija (las de Miquelarena) frente a la exhaustividad con que trata algunos asuntos irrelevantes. En 1997 leí un libro de Miquelarena encontrado por casualidad en Moyano y me pareció espléndido. Entonces busqué, y encontré, prácticamente todos los libros que escribió. Me gustaron mucho los dos libros de viajes (*Con el gusto de Holanda*, de 1929, y *Pero ellos no tienen bananas*, de 1930, ambos extraordinarios), *Stadium*, que es el equivalente, con los deportes, de lo que hizo Bergamín mucho después con los toros: alta literatura. También me gustaron mucho los cuentos de humor y las crónicas de la II Guerra Mundial (si uno lee ese libro, que llega hasta el año 1942 o 1943, acaba convencido de que los alemanes ganaron la guerra; todos son victorias suyas sin oposición). Pero los libros de la Guerra Civil, sobre su estancia en la embajada argentina, me parecieron más flojos. Se le notaba demasiado alterado y su prosa se resentía. Había mucha agresividad, mucho odio, que distorsionaba todo. Tampoco disfruté lo que imaginaba que iba a disfrutar con *Don Adolfo el libertino*. Pero en conjunto guardo un gran recuerdo de él como escritor. Siempre me llamó la atención que nadie se hubiese fijado en él para hacer una tesis o un estudio o una biografía. Ahora lo hace la nieta, en un libro que para mi gusto es irregular. Pero esto no es una reseña y no voy a entrar en detalles. Al final del libro la nieta se empeña en reparar la memoria de su abuelo, y también de su padre, yerno de Miquelarena, que cuando murió este tuvo las narices de intentar condenar públicamente a Luis Calvo, director de *ABC*, por la carta cruel que escribió a Miquelarena cuando estaba más deprimido, en París, y que según el propio Miquelarena fue lo que le mató, e ir con exigencias a los Luca de Tena. No consiguió nada, ni contra uno ni contra los otros, a pesar de dirigirse al ministro de Información e

incluso al mismo Franco. La autora, la nieta de Miquelarena, se lamenta de que en la España de Franco se
aplicase la ley del silencio para proteger a los poderosos.
Parece que no se da cuenta de que esa España era un
cuartel y todo estaba jerarquizado, con distintas cate-
gorías de personas, y socialmente Miquelarena estaba
uno o varios escalones por debajo de los Luca de Tena
(que dieron la vuelta al asunto y denunciaron al yerno
por injurias graves). Pero tampoco hay que olvidar que
Miquelarena era una figura destacada de aquella España. Si el litigio hubiese sido contra alguien que hubiese
estado por debajo de él en el escalafón, los de arriba le
habrían apoyado a él. De todas formas me alegro de que,
aunque sea muchos años después, la descendiente del
magnífico escritor, desenmascare a los villanos de la historia, que se fueron de rositas, y lo diga públicamente.
Yo vi una vez a Luis Calvo. Debió de ser en los años 80.
Yo iba a entrar en la Hemeroteca de la Biblioteca Nacional. Delante de mí iba un viejecito, muy pequeño, flaco,
fibroso, nervioso, con un cartapacio debajo del brazo. La
conserje que había en la puerta le pidió la autorización,
o el carnet, para entrar, y el viejecito le dijo que no tenía.
La mujer le dijo que no podía pasar. Entonces el viejecito montó en cólera y dijo que era intolerable. "¡Usted no
sabe quién soy yo!". La mujer creyó que se lo preguntaba

y dijo que no. "¡Yo soy Luis Calvo, una de las glorias del periodismo de este país!" La mujer no se alteró. Le dijo que sin el carnet no podía pasar. El otro se fue dando gritos. Pero la mujer no le dejó entrar. No sabía que estaba llevando a cabo una pequeña venganza en favor de Miquelarena.

(Por cierto, en la nota que publicó *ABC* para dar cuenta de la sentencia favorable a ellos en primera instancia, en el juicio contra el yerno de Miquelarena, sentencia que después revocaría el Tribunal Supremo, ahora en sentencia firme, y que *ABC* se negó a publicar, leemos: "En la sentencia se condena a dicho señor, como responsable de un delito de injurias graves, a pena de seis meses y un día de destierro, así como a una multa, cuyo importe, por partes iguales, será donado por Prensa Española -apenas percibido- a las instituciones benéficas Casa de Nazareth y San Isidro para huérfanas y huérfanos de periodistas". En el más rancio franquismo —23 de marzo de 1965—, en un periódico como *ABC*, leemos un sorprendente desdoblamiento léxico que si no se hubiese hecho, es decir, si solo hubiesen hecho uso del masculino, nadie habría dudado que se trataba de un genérico.)

Los miles de especies de animales que hay en la Tierra son ilustraciones de todos nuestros estados de ánimo.

Cuenta X que cuando visitó a Borges, en los años 80, el anciano le pidió que le acompañase a dar un paseo por la calle. Cuando salieron, X vio junto al portal, en el muro, pintadas con cruces gamadas e insultos: "¡Borges, fascista!" Borges, ciego, pasó junto a ellas sin verlas, ni sospecharlas siquiera. Algunos transeúntes lo reconocieron y se les acercaron a saludar a su famoso compatriota.

El hombre del tiempo nos hace *spoiler* con el clima.

Dando un paseo por Rosales, vemos a un hombre que vende libros en la acera. Me acerco a mirar. Le pregunto precio por un libro de Francisco Nieva y por las memorias de Tony Leblanc. "Tony Leblanc es el más grande. Bueno, él y Tip", dice. Y sigue: "Yo conocí mucho a Tip. Luis era un gran tipo." El hombre tiene un aspecto descuidado. No de mendigo o de sin techo, pero bastante descuidado. "Yo comía en su bar todos los días. Sí, él tenía un bar, en el que se pasaba el tiempo tomando cañas, allí y en la Cruz Blanca, de Goya, y jugando a los chinos. Lo que más le gustaba del mundo era jugar a los chinos. Jugaba muy bien. Yo alguna vez le ganaba y se pillaba unos rebotes... Yo trabajaba al lado del bar, en una notaría, y Luis le daba mucha caña a mi jefe: «Deja ya de explotar al niño (yo tenía veinte años) y déjale bajar a tomar el aperitivo». Una vez nos tocó la lotería, un segundo premio. Una pasta. Él llevaba un décimo completo. Lo sacaba, así, como un acordeón, y decía: «Le doy esto a mi mujer y todavía me echa la bronca» (estaba separado de su primera mujer y se le había muerto un hijo, muy joven, en un accidente). A él no le interesaba el dinero. Había veces que me decía que no tenía dinero para comer y yo le decía: Luis, yo te invito. Una vez estaba yo comiendo y vino y me empujó con el culo. Échate para allá. Sacó una baraja y me dijo: «Corta». «¿Y eso?». «Si sale una figura como a la carta. Si no, como menú.» Y no me dejó pagar. Ni ese ni muchos días. Yo le decía que si no me dejaba pagar no volvía a comer en su bar. Nos llevábamos muy bien porque los dos éramos marxistas. De Groucho. Yo hacía monólogos en garitos de mala muerte, en Móstoles, en Alcorcón y por ahí. Nos veían cuatro gatos. Y tenía un gag con una cuerda en la que iba haciendo nudos y contando cosas de mi vida, y le debió de gustar porque me lo copió. Me lo has copiado, le dije. Ya ves, para mí fue un honor. Además, él lo hacía de otra manera. No he conocido a nadie más generoso. Si pasase por aquí, estoy seguro de que me daba mil duros de entonces. Aunque no me conociese. Era muy buena persona. Sobre todo era muy buena persona. Se llevaba mal con su compañero, Coll, que era muy de izquierdas. Yo quería mucho a Luis..." Me quedo con ganas de preguntarle qué le ha pasado para llegar adonde está, vendiendo libros en la calle, sucio, con aspecto de estar pidiendo.

En el fondo vemos a los que se mueren como seres inferiores, gente que es incapaz de hacer algo tan fácil como seguir con vida. Gente incapaz de guardar lo que tiene sin perderlo.

En *Hostiles*, western extraordinario, esa mujer también extraordinaria, que ha pasado por todos los sufrimientos y que ya mira con serenidad y compasión todo lo que la rodea, dice, sentada en medio de la naturaleza, mientras atardece, algo así: A veces envidio lo conclusivo de la muerte. Lo definitivo de cesar.

El bigotito de González Ruano parece el subrayado de su nariz.

Un cuerpo que cae es un cuerpo que siente una llamada desde el otro extremo del universo. Todo aspira a moverse y a ocupar el lugar que ocupa otro cuerpo. Por eso ocurren los golpes. Un golpe es la respuesta de un cuerpo a otro cuerpo que quiere ocupar su lugar.

"Los días que vendrán ya vinieron" (Eloy Sánchez Rosillo).

Ha pasado entre las hojas un rayo de luz y ha ido a posarse en una de las ramas. Se va a comportar igual que un pajarito. En unos minutos abandonará la rama en silencio y se irá a posar en otra.

El libro de X sobre CGR se sostiene por las continuas citas de CGR. Realmente es poco más que una lectura comentada de unas páginas de las memorias y de algún otro libro de CGR. Los capítulos en los que hay pocas citas se resienten mucho.

Esta historia me la contaron hace años como que le había pasado a la madre de un familiar de un amigo de uno de mis hermanos. La mujer se subió a un autobús y se sentó junto a una ventanilla. Al poco rato se sentó junto a ella un joven con muy mala pinta. El tipo no dejaba de moverse y de empujarla. Ella empezó a desconfiar de los empujones y pensó que lo que realmente quería era robarle. Entonces reparó en que no llevaba el reloj en la muñeca. Y pensó: ¿Cómo me lo habrá quitado? Seguro que en alguno de los empujones y no me he dado cuenta. La mujer llevaba en el bolso, que tenía sobre las piernas, unas agujas de hacer punto. Sacó una, pinchó en el costado al joven y, abriendo el bolso y señalándolo con la cabeza, le dijo: el reloj. El tipo la miró asustado y echó el reloj en el bolso. En cuanto la mujer le quitó la aguja de las costillas el tipo se levantó y se fue. La mujer llegó a casa muy contenta porque se había defendido sola. Cuando abrió el bolso se encontró su reloj, que ahora recordó que se lo había quitado de la muñeca y lo había guardado en el bolso, y otro reloj que no tenía ni idea de quién era. Ahora sé que era una leyenda urbana.

Dos detalles muy graciosos en la novela de *Pippi Calzaslargas*: la niña, que vive sola, sin obligaciones de ningún tipo, se apunta a ir al colegio únicamente para tener vacaciones de Navidad. Y más adelante dispara con dos pistolas al techo de madera y se asombra de su puntería, porque las balas han pasado por el medio de los agujeros.

Desde su cama de enfermo sentía su vida como si fuese una pequeña niña que llevaba en brazos y que se resistía a entregar a la tumba. No quería abandonarla en la oscuridad de la tierra. Luchó durante todo el día y pasó por varios estados de ánimo. Rebelión, furia y finalmente mansedumbre, aceptación. En el momento de más serenidad, al final de la tarde, con una tristeza infinita por separarse de ella, dejó con todo cuidado a la niña en la pequeña fosa.

Qué lástima que nunca vayamos a conocer, a visitar, el más allá, el otro mundo que las generaciones han imaginado tan meticulosamente. Qué pena no poder ver el Infierno, ni el Paraíso. Ya no digo ser destinado a ellos. Solamente verlos. Qué pena que no existan.

Aún no hemos acabado la tarea de destronar a nuestra especie de un lugar privilegiado en el universo. Primero la desalojamos del centro físico del universo: la Tierra no ocupa el centro del mundo, ni siquiera del sistema solar, que está en un barrio de las afueras de una de las miles de galaxias que hay en el cosmos. Después nos enteramos de que Dios no nos creó directamente como culminación de su obra, sino que somos una especie animal más de los millones de especies que pueblan el planeta. Además ya no necesitamos a Dios. El mecanismo de la evolución es suficiente para explicar nuestra aparición. Después nos enteramos de que nuestra conciencia tiene un alto componente irracional. Hay una parte muy grande de nuestra conciencia sobre la que no tenemos ningún control.

Pero aún es posible seguir descendiendo. Quizá se

descubra que los animales no han querido evolucionar hacia la conciencia. Que no han querido adquirir eso que llamamos conciencia. O que la conciencia, lo que nos hace los reyes del planeta, sea una herramienta que se interpone entre nosotros y la realidad para protegernos, y que para ello distorsiona la verdad.

Las grandes propiedades, las mayores acumulaciones de bienes materiales, se defienden sin contemplaciones, con contundencia. El código penal castiga con severidad los robos o los hurtos, pero solo a partir de determinada cantidad, como si cien euros, o cincuenta, no pudiesen constituir la ruina de una persona. Al ladrón de fortunas se le castiga obligándole a devolver el dinero robado y se le añade una multa y una estancia en la cárcel. Se sobrepasa el viejo ojo por ojo. Sin embargo, en los crímenes de sangre, en los crímenes violentos, triunfa la conciencia cristiana y se aplica mucho menos castigo que el que ha infligido el criminal. Al que ha quitado una vida no se le quita la suya. Se le encierra un tiempo, que en algunos casos es ridículamente corto. Ahí se aplica una especie de diente por ojo. La muerte no importa, parece pensar el legislador. La víctima ya está muerta, ya no se puede hacer nada. Pero la vida (del asesino) es sagrada. En el primer tramo del castigo de estos delitos triunfa en el juzgador el pensamiento curil de que la vida es un hecho banal, el muerto va a otra vida. En la segunda, se impone la idea descreída de que la vida es lo más alto que se puede tener y no se le puede quitar a nadie, pues solo se tiene una. Ahí hay una asimetría que repugna. Quizá por eso tienen tanto éxito las películas de venganzas.

Con qué cuidado pisa la cigüeña. ¿Realmente será tan delicado el mundo?

Una hilera de gorriones mira desde la cornisa el paso de la carroza. La campana suena. No entienden nada. Pero su experiencia hace que lo vivan todo como premoniciones de una inminente lluvia de arroz.

Uno de los mejores cuentos de Kafka lo escribió Canetti en *El otro proceso de Kafka*: "Entre los animales predilectos de los chinos encontramos, ya en época muy remota, los grillos. Durante la época Sung se hizo costumbre criar grillos, a los que se preparaba e incitaba a la lucha. Era usual llevarlos en nueces vaciadas y colgadas al cuello, provistas de todo lo necesario para el animalito. El poseedor de un grillo famoso ofrecía sangre de su propio brazo a los mosquitos, y una vez que estos habían chupado hasta saciarse, los trituraba y los ofrecía como carne picada al grillo, para aumentar su combatividad.

Por medio de unos pinceles especiales se excitaban en el insecto los deseos de lucha, y luego, acurrucándose o estirándose en el suelo, se contemplaba la lucha de grillos. Al animalito que se distinguía por su extraordinaria valentía se le confería el nombre de un caudillo de la historia china, porque existía la creencia de que el alma de ese caudillo tenía, a partir de entonces, su sede en el grillo. Gracias al budismo, para la mayoría la creencia en la migración de las almas era algo completamente natural, por lo que una convicción de este tipo no resultaba descabellada. Por todo el país se extendía la búsqueda de grillos adecuados para la corte imperial, y se llegaba a pagar elevados precios por los ejemplares prometedores. Cuentan que en la época en que el imperio de los Sung fue conquistado por los mongoles, el generalísimo de los ejércitos chinos se hallaba boca abajo en el suelo contemplando una lucha de grillos, cuando le fue transmitida la noticia del cerco de la capital por el enemigo y el inminente peligro que se cernía sobre ella. El general no fue capaz de separarse de los grillos; tenía que ver primero cuál sería el vencedor aquí. Cayó la capital, y así terminó el imperio de los Sung".

El bien insiste, quiere persistir. El mal, no. Solo quiere que el bien cese, porque el mal no es. El bien vive por sí mismo. El mal es su parásito.

La vanguardia, como un intento de desmontar todos los logros y hallazgos intelectuales. Por ejemplo, ese de que si A=B y B=C, entonces A=C. Pues no, dice la vanguardia.

Ya han repuesto fuerzas. El bando de grullas levanta el vuelo. Pasan sobre el caminante formando una bóveda de gritos. Aún no han brotado las sombras. Se ve el gran rugido del sol, a punto de asomar.

Si hay Dios, en cierto modo todo está previsto y guardado en su memoria, en un disco duro. Pero si no hay Dios, cada cosa es nueva y única, todo es sagrado, maravilloso.

Para mí el mejor microrrelato de la literatura española es *La pata de palo*, de Espronceda. Es genial. Todo en él está medido, es exacto.

Libros magníficos y no muy conocidos de microrrelatos de épocas en las que este género aún no estaba de moda y apenas se valoraba: muchos de los cuentos de Rafael Barrett (como *El perro*, *La enamorada*, *A bordo*, *En la casa de los tísicos*, *Los domingos de noche*, *El hijo*...); *Caprichos* y *Disparates*, de Ramón Gómez de la Serna; *Historias y Cuentos*, de Juan Ramón Jiménez (aquí están algunos de los mejores que se han escrito en España); *Crímenes ejemplares*, de Max Aub; *Depetris, Historias para burgueses, Florecillas para ciudadanos respetuosos con la ley, No se puede decir impunemente "te quiero" en Venecia*, de Alonso Ibarrola, con muchas obras maestras; *Cuentos sintéticos*, de Llorenç Villalonga; *La piedra Simpson*, de Alberto Escudero; *Misterios de las noches y los días*, de Juan Eduardo Zúñiga. Y aunque sea argentino, no puedo dejar de nombrar las maravillosas *Falsificaciones*, de Marco Denevi.

Más recientes y un poco irregulares, pero igualmente poco conocidos, los *Cuentos del jíbaro*, de Juan Gracia Armendáriz.

Wind river, un western magnífico. Película ambientada en la época actual y que sin embargo es un western, como ya lo era *Comanchería*, cuyo guion era de este mismo director-guionista. Los malos son malvados, y los indios, inocentes y valientes. El paisaje nevado de Wyoming recuerda el de aquel otro western, *El rastro de la pantera*, que no era tan bueno. Se plantea el problema, no del mal, sino del ser humano malo, al que se le da la única solución aceptable.

Se sabe que a partir de 1925, cuando Max Brod publica los libros inéditos de su amigo Franz, la población de cucarachas de Praga aumenta de una manera repulsiva. Nadie se atreve a matarlas.

En nuestro barrio pobre había una mujer que decía que era rica y siempre salía a la calle con un abrigo de piel de zorro, aunque fuese verano. Le quedaba grande y le arrastraba por el suelo. Fuera de la acera dejaba un rastro como de escobón, de tierra barrida. Cuando pasaba todos se volvían para verla bien. En el arranque del campo había una caseta en la que vivía una familia, hecha con escombros y residuos, y que tenía un patio en el que se acumulaba la chatarra y un corral donde escarbaba una docena de gallinas. En cuanto la mujer pasaba por delante, las gallinas desaparecían. Se escondían de sus zorros.

De la nada a la nada por un corto atajo, dice de la vida Scott Fitzgerald en el Gatsby.

En el Campo había varios campos de fútbol. Manchas de tierra pelada en medio de la vegetación, con forma oval, no rectangular (en los córners apenas se jugaba y la hierba crecía sin que la pisaran). Uno de esos campos de fútbol tenía un poste de madera del tendido eléctrico. Todo ese campo de fútbol se había organizado para que el poste de la luz hiciese de poste de una de las porterías. Los otros postes de las porterías estaban simbolizados por unas piedras. Siempre que el balón pasaba por encima de alguna de esas piedras empezaba la discusión de si había sido gol o no. Cada uno veía el poste imaginario un poco más allá o un poco más acá, según sus intereses. Pero el poste de la luz era como la Verdad. La Realidad. Nada de abstracciones, de imaginaciones, de cosas invisibles. Oír un balonazo contra ese poste y ver cómo el balón salía rebotado era una experiencia filosófica.

Leo *Borges A/Z*, el libro con el que se cerró La Biblioteca de Babel, la colección de 33 libros que editó Siruela en los años 80, diseñada por Franco Maria Ricci, libros todos ellos extraordinarios, en la que había autores que no sabías que le gustaban a Borges, como Jack London, mi adorado Jack London. Este es una compilación de fragmentos, hecha por Antonio Fernández Ferrer, ordenados alfabéticamente. Cuánta inteligencia y con qué claridad expone las ideas más complejas. Qué deslumbrante y qué sencillo parece ser inteligente. Es como cuando miras un rostro hermoso y llega un momento en que esa belleza parece natural, común a todos los rostros.

Desde que en el colegio nos hablaron de Descartes, siempre me ha parecido que en "Pienso, luego existo" todo es discutible, empezando por el sujeto. No está claro si el yo se refiere a esa ilusión, que diría el budista, o a algo más estable. ¿Quién o qué es ese yo? Tampoco está claro a qué se refiere con pensar (¿ejercer la lógica, imaginar, rememorar...?). Tampoco está claro a qué se refiere con existir (¿vivir la vida diaria, estar en una realidad más alta que la de la vida?). Ni está clara la bisagra. ¿Por qué se deduce una cosa de la otra? Y sobre todo está la afirmación completa. ¿La actividad mental es lo que nos da existencia humana, o existencia a secas? Al chico que yo era le parecía que en esa frase todo es gratuito, arbitrario. Esas cosas las puede decir un místico, alguien que da brincos mentales. Pero un filósofo, un pobre diablo cuyos mecanismos mentales funcionan arrastrándose, dice eso y suena pomposo, rígido, ridículo. Y falso. En el caso de Descartes a mí me parece más interesante lo que soñó que lo que pensó. Sueños que le interesaron a Freud. Una vez, tras una conferencia sobre el zen, a D.T. Suzuki le preguntaron si con realidad se estaba refiriendo a las imágenes subjetivas o a la sustancia de la que se ocupa la metafísica. Algo así. Le querían enredar en una vulgar discusión filosófica. Suzuki lo pensó un rato y respondió: "Sí".

Nuestro cuerpo es como un animal estúpido. Muy estúpido. Un organismo pequeñajo, enano, con una inteligencia mínima, de esos que se hacen caca encima, es capaz de derrotarlo. Si pudiésemos ver a nuestra escala al virus de la gripe nos sentiríamos humillados de que ese crustáceo, ese mierda ortopédico nos pegue las palizas que nos pega. Bichos estúpidos que no saben ni hacer el gesto de victoria que sí sabe hacer el boxeador más descerebrado. Somos aristócratas alojados en cabañas con goteras.

Decía Chejov que el arte consiste en describir exactamente a los ladrones de caballos sin añadir que está mal robar caballos. Bueno, creo que si en una novela aparece un asesinato no hace falta que el autor nos diga que eso es un horror. Todos compartimos ese juicio. Es una obviedad. Por eso no es necesario decirlo, pues el escritor debe huir de las obviedades. No es tanto que el escritor no deba ser un moralista, pues el escritor siempre es un moralista. Siempre nos habla de su moral individual, no de la moral convencional. De una u otra forma, no de una manera explícita, nos acabará diciendo en qué circunstancias le parecerá bien que se robe caballos. O incluso que se asesine.

En la música, se dice, coinciden forma y fondo. En otras artes, no. Por ejemplo, uno puede contar de muchos modos (con formas distintas) el argumento de una novela o de un cuento, es decir, el fondo. Pero yo creo que con la música pasa lo mismo. Cada vez que alguien tararea, o silba, una melodía o una canción, está expresando un fondo con una forma distinta de la original.

La modestia siempre es falsa modestia, leí hace poco. Eso no es verdad. La verdadera modestia es inconsciente. No tiene intención.

Bandada de blancas garzas que cruzan el cielo. Abajo, recorren el suelo sus oscuras sombras, otra bandada.

Cuando el homínido se yergue, sus manos pierden el contacto con el suelo y con las ramas de los árboles. Se produce entonces lo que los científicos llaman el síndrome de Linus, aquel personaje de Carlitos que siempre llevaba en las manos una mantita que le tranquilizaba. Ese síndrome describe la necesidad de tener ocupadas las manos, porque sienten nostalgia del contacto con la rama. Explica la mano que sujeta el cigarrillo, la raqueta de tenis, la sartén, la espada, la pistola...

A eso se une otra necesidad: la de novedades, lo que lleva a cambiar constantemente lo que tenemos a la vista (el paisaje, la vivienda, los amigos...). Por eso el chimpancé agarra una piedra con una forma que nunca había visto y no la suelta durante una caminata de más de treinta kilómetros. Y de pronto un día la abandona y coge una rama nunca vista. O el niño va en su sillita, agarrando una cajita que le acaban de dar y la suelta para coger otra distinta.

¿Conocemos a los demás, a la gente más cercana, a nosotros mismos? ¿Los conocemos en profundidad? Seguramente no. Pero quizá sea lo mejor. Un conocimiento aproximado. Las cosas vistas desde muy cerca se convierten en otras diferentes. Dejamos de reconocerlas. Y siempre es mejor reconocer que conocer. ¿Qué es más verdadero, lo que hacemos, lo que decimos, lo que pensamos? ¿Quién conoce mejor a alguien, el que sabe lo que hace ese alguien, el que sabe lo que dice, el que sabe lo que piensa? ¿Es posible conocer a alguien que nos oculta algo que piensa? Pues yo diría que sí. Aunque una persona crea que nos oculta algo que piensa, realmente nos lo dice, de algún modo, de otro modo. Conocemos las cosas, y a la gente, a bulto, oscuramente, como diría Santa Teresa.

Descubro un nuevo pariente de *El río*, de *Historia secreta del mundo* y de *La orilla del camino*: el libro *Nuevo museo del chisme*, de Edgardo Cozarinsky (que forma familia junto a *Vidas imaginarias*, de Schwob, *Historia universal de la infamia*, de Borges, *Historias de almanaque*, de Bertold Brecht, *La sinagoga de los iconoclastas*, de Wilcock, *Falsificaciones*, de Marco Denevi). Magnífico, aunque el autor se empeña en dar pistas falsas. Primero, el uso de la palabra *chisme* en el título creo que equivoca, pues remite a un mundo frívolo, superficial, que me parece que no es el que se refleja en el libro. Son todo microrrelatos verídicos, digamos. Anécdotas en las que los protagonistas son personas reales conocidas (Gide, Valéry, Claudel, Bioy Casares, Victoria Ocampo...) y que en ocasiones equivalen a biografías o resumen toda una época. Por ejemplo, cuenta que durante la Segunda Guerra Mundial la residencia en París del magnate Robert de Rothschild fue ocupada por el comandante de la Luftwaffe. Cuando acabó la guerra, volvió a París desde su exilio en Londres y recuperó su casa, de la que no faltaba nada. El mayordomo le confirmó que el ocupante había tenido un comportamiento correcto. Solo se quejó de que a menudo tenía invitados, lo que le obligaba a permanecer levantado hasta altas horas. "¿Y quién asistía a esas reuniones?", le preguntó. "Los de siempre. Los mismos que usted invitaba." O lo que cuenta de la actriz Olga Knipper, mujer de Chejov, de cómo lloraba durante la representación de algunas obras, en las que

Chejov le pedía que no pusiese énfasis en lo patético, y que cuando el escritor murió le confió a un amigo: "Anton nunca entendió el sentido de sus obras" (algo que seguramente encierra una gran verdad referida a cualquier escritor). La otra pista falsa que da el autor es el propio prólogo, que es desalentador, o más bien disuasorio. De lo poco que he sacado en limpio de él es que Henry James y Proust sustentaban sus novelas en algún chisme. El chisme como embrión de una novela. Hasta donde he alcanzado, no me ha convencido. Cualquier relato breve, por su extensión, es embrión de algo más amplio. Pero lo bueno de los microrrelatos que se recogen en este libro es que hacen innecesaria la novela de la que son embrión. De todos modos, el prólogo me ha servido para conocer este pasaje de Stevenson: "Stevenson advirtió que el arte de narrar es uno solo, ya se aplique a «la selección e ilustración de una serie real de acontecimientos o a la de una serie imaginaria. La *Vida de Johnson* de Boswell (...) debe su éxito a las mismas maniobras técnicas que, por ejemplo, *Tom Jones*: la concepción nítida de algunos rasgos del hombre, la elección y representación de algunos incidentes entre la cantidad mayor que se ofrecía, y la invención (sí, invención) y conservación de cierto tono en el diálogo»". Absolutamente de acuerdo (incluso diría que también una investigación científica o académica puede compartir rasgos o técnicas de la novela policiaca).

En cierta ocasión, cuando ya era campeón del mundo, Lasker hizo un viaje en automóvil desde Nueva York a San Francisco. Cuando atravesaba el medio Oeste, se detuvo en un pueblo a descansar. Entró en un café para tomar algo y encontró a un hombre que jugaba él solo al ajedrez. El camarero, al ver que Lasker no le quitaba ojo al hombre, le dijo, mientras le servía, que era un gran jugador. "Le llaman Lasker." Lasker le ofreció al hombre jugar una partida. En uno de los primeros movimientos el hombre se demoró pensando más de media hora. Lasker por fin lo miró apremiándole. "Ah, ¿que me tocaba a mí?, se sorprendió el hombre. Después Lasker le dio jaque mate rápidamente. Cuando se iba, el otro le dijo: "Puede usted presumir de que ha ganado a Lasker".

Dice Stevenson que un personaje literario solo es una secuencia de palabras. Pero algo parecido se podría decir de lo que es una persona para otra: un puñado de frases, un tono de voz, unas cuantas imágenes..., poco más. Yo no lo creo. Una persona para otra no se reduce a unas cuantas impresiones sensoriales. Lo que otra persona es para nosotros, principalmente está en nuestra mente.

O en nuestra alma, por decirlo a la antigua. Y de manera parecida, un personaje literario es más una serie de emociones que una serie de palabras. Las palabras en la obra literaria deben transformarse en emociones. Eso son los personajes.

Tapices dibujados por Rafael en el Palacio Real. Bellísimos colores y detalles de la pesca milagrosa.

En el salón del trono (o de los tronos, habría que decir), el techo es de un azul precioso, inventado por Tiépolo. En los bordes del trampantojo se asoman una serie de personajes, indios, chinos, descubridores..., con una estética y unos detalles próximos al cómic. El mejor arte clásico anticipa las viñetas de Tintín.

Me llama la atención que en la sala en la que esperaban los grandes de España a ser recibidos por el rey los asientos no tuviesen respaldo ni apoyabrazos. Eran casi unas banquetas. ¿Cómo mantenían la dignidad el duque de Osuna, o el duque de Alba, en un asiento tan rudimentario? ¿O no se rebajaban a sentarse? (Recuerdo una anécdota del último duque de Osuna, don Mariano Téllez Girón, que dilapidó en unos años una de las mayores fortunas de Europa. Cuando fue embajador en Moscú, un día llegó tarde a una recepción del zar. Como no quedaban asientos libres, se quitó la capa, la tendió en el suelo y se sentó en ella. Cuando terminó el acto y el duque abandonó el salón, un ujier salió tras él para entregarle la capa. El duque la rechazó altanero: "Un grande de España no se lleva el asiento".)

Nos gusta leer los juicios de quienes han leído lo que hemos escrito porque esperamos saber algo más sobre lo que hemos hecho. Nosotros solo lo hemos escrito. Y ellos quizá nos digan por qué lo hemos escrito y para qué. Incluso esperamos que nos digan qué hemos escrito. Para nosotros es más enigmático que para ellos.

"Gordo como una tapia". ¿Cómo llamar a ese fenómeno en el que en una frase hecha cambias una palabra por otra cercana fonéticamente, aunque de sentido muy distinto, y lo que resulta potencia el sentido de la frase? "Una monjita muerta" es una persona que parece inofensiva y con la que hay que tener más cuidado que con una mosquita muerta. "Jota, caballo y rey" es una situación en la que hay menos posibilidades de elegir que en sota, caballo y rey. "Sacar un conejo de la chistorra" es mostrar algo muy inesperadamente, más que sacándola de una chistera. "Arrimar el hombro a tu sardina" es intentar favorecer tu postura (arrimar el ascua a tu sardina), pero haciendo un esfuerzo muy especial (arrimando el hombro). "Ponerse hecho un basiliso" (que suena a nombre eslavo, salvaje) es ponerse más furioso que si te pones hecho un basilisco (un mero animal). "Poner los pelos de gallina" (cruce entre "poner los pelos de punta" y "poner la carne de gallina") es mucho más estremecedor que ponerlos de punta. "Un respaldarazo" es un reconocimiento más efusivo que un espaldarazo. "Brindar algo por su ausencia" es ser más notable su ausencia que si solo brilla. "Un raspapolvo" es una bronca más agresiva, más áspera que un rapapolvo. Cuando "aguantas mella" tienes más paciencia que si solo aguantas mecha. Alguien conocido "en las más altas esteras" es quien es tan conocido que hasta en los lugares infames más selectos es conocido. "Echar las campanas al suelo" es celebrar un triunfo mucho más ruidosamente que si las echas al vuelo. Todas son frases oídas alguna vez, no son simples invenciones. Podríamos llamarlas frases chistorreras.

Quienes nacimos en la segunda mitad del siglo XX oímos hablar mucho de Faulkner, de Joyce, de Virginia Woolf, de Kafka..., de los grandes innovadores en la técnica narrativa, por los juegos temporales, los distintos puntos de vista, los monólogos interiores... Pero nosotros los conocimos de una manera vicaria. A Joyce, por ejemplo, lo leímos en Martín Santos, a Faulkner en Benet o en otros escritores menores. Leímos antes a sus imitadores, o a sus seguidores, que nos cansaban bastante. La lectura de los originales, cuando los leíamos, se contagiaba de ese cansancio. Realmente no los apreciábamos tanto. Nos gustaron más algunos de los escritores que los elogiaron tanto: Borges, Rulfo, Carpentier, Cortázar, García Márquez, Vargas Llosa, Italo Calvino... También nos gustaban más algunos escritores menos innovadores con la técnica y que estaban más atentos a lo que contaban que a cómo lo contaban: Hemingway, Steinbeck, Maugham, Zweig...

Tras leer todos los libros que ha escrito Óscar Tusquets, uno siente que es más un amigo que un escritor. Y esto me lleva a otro asunto, que es el resentimiento que uno acaba sintiendo hacia los escritores a los que ha admirado mucho. Por qué. Porque vemos que igual que ellos forman parte de nosotros, de nuestra parte más íntima, nosotros no existimos para ellos, y esa desigualdad, ese desequilibrio nos parece injusto y hace nacer en nosotros un gran rencor.

Los niños tontos, el magnífico libro de microrrelatos de Ana María Matute, es heredero de los mejores minicuentos de Juan Ramón Jiménez.

El masculino genérico abarca a hombres y mujeres y hace innecesario el desdoblamiento léxico, dicen los gramáticos. Pero eso no es del todo verdad. Por ejemplo, cuando el genérico es femenino, algunos autores sienten que el hombre es invisible y se inventan un masculino. No es el caso de *modista*, o de *azafata*, que no eran genéricos, pues se referían siempre a mujeres. Pero sí lo es el de *estrella*. *Las estrellas de Hollywood* siempre se ha referido tanto a hombres como a mujeres. Y esto escribe Jardiel Poncela en 1943 en *Mis viajes a Estados Unidos*: "En las Navidades de 1934 cada farola del alumbrado ostentaba el retrato, orlado de follajes y de luces, de una «estrella» o un «estrello» famoso. No sé de dónde salieron «estrellos» y «estrellas» suficientes para ocupar todas las farolas, pues seguramente las farolas pasan de dos millares; pero el caso es que cada cual tuvo su retrato y su orla y no hubo disgustos entre ellas".

Desconfía de lo que se entiende sin esfuerzo: es innecesario, dice Alberto Escudero, el autor del divertido *La piedra Simpson*. Pues yo diría lo contrario: desconfía de lo que no se entiende a la primera.

A los niños se les quedó la pelota en las ramas más altas del árbol. Por la noche se levanta un vendaval. Cuando cae la pelota no hay nadie en el parque.

El primer tebeo de Tintín que leí fue *El asunto Tornasol*, que vuelvo a leer ahora, y con el que recupero con toda nitidez el tiempo de mis quince años, que tenía olvidado. El día en que lo compré, la librería, el papel con el que te envolvían los libros, el viaje en metro, los metros de la época, la casa de mis padres, el cuarto en el que lo leí, el frío de la época, mi madre con la edad de entonces, mi padre, mis hermanos, las canciones que se oían en la radio... Qué fascinante fue aquella lectura, con la que entré en un mundo nuevo, desconocido y maravilloso. Es un tebeo escrito en estado de gracia. La intriga, los personajes, el humor, el color, cada una de las viñetas... Todo es perfecto, como en las mejores películas de Hitchcock.

Qué gráficamente describe Cipolla, en *La odisea de la plata española*, los movimientos de la plata que se extraía en suelo americano en tiempos de la Conquista (y cuánto odio a lo español desprende). Primero viajaba en llamas y en mulas desde las minas hasta los puertos en que era embarcada. Atravesaba el Atlántico y llegaba a España, donde permanecía muy poco tiempo, pues enseguida se desparramaba por toda Europa, para pagar a los soldados en las muchas guerras que mantenía el país, y para pagar los productos manufacturados que se compraban. Desde Europa viajaba a Oriente, donde acababa en manos de los chinos, que solo vendían sus sedas, su té y sus productos si se les pagaba con plata (no les interesaba nada de lo que les ofrecían de Europa). Parte de ella quedaba enterrada en las tumbas de los emperadores para que hiciesen uso de ella en el más allá. Parte volvió a Europa cuando los chinos perdieron la guerra del opio. Todo este flujo, que duró muchos años, se puede visualizar como un gran río que va y viene y está lleno de meandros.

Hablo con un muchacho (¿treinta y tantos años?) que pide en la calle, en López de Hoyos, y que vende los libros que le dan. Es rumano, como mi amigo Juan, y lleva cinco años en España. Dice que es muy duro vivir en la calle, que tiene que aguantar a la policía, que se mete mucho con él, y a "muchos gilipollas, sobre todo de noche". Me dice que tiene más libros en un trastero, cerca, y vamos a verlos. Por el camino se queja de la gente que no muestra comprensión por personas como él. "No piensan que pueden verse como yo. Yo vivía como ellos hace tiempo." Le pregunto dónde duerme. "Tengo un saco y me meto en la entrada de una zapatería que hay ahí cerca. Afortunadamente una persona me deja ducharme en su casa." Efectivamente está limpio, como la ropa que lleva. "Dicen que ahora que se va a acabar la pandemia nos va a ir mejor. Pero yo no lo creo. Con la pandemia la gente era menos egoísta. Es un dato que cuando a la gente le va bien no piensa en los demás. Hoy llevo un euro desde las siete y media." El trastero está en un local al que entramos después de que acerque una tarjeta a un dispositivo que hay a la entrada y que emite un zumbido indicando que se abre la cerradura y que ya se puede empujar la puerta. Recorremos un largo pasillo nuevo, con puertas numeradas a uno y otro lado. "Este es el mío, el 31". Quita el candado y abre la puerta. Es un trastero como de dos metros cuadrados, nuevo, limpio, moderno. En el suelo se ven unas cuantas pilas de libros, un saco de dormir y una estantería metálica en la que hay un bolso y una caja, de la que saca "una cartilla del banco en la que ahora no hay nada y el móvil, que se me había olvidado". "¿Por qué no duermes aquí?", le pregunto. "Nooo. Hace unos meses murió un hombre asfixiado en uno y multaron al dueño". No insisto, pero para pasar la noche a cubierto el sitio es suficiente. Mejor que la calle. Y, salvo que hagas fuego, es imposible asfixiarse. Las puertas no son herméticas. Me deja las llaves para que cierre cuando salga. Se fía de mí, dice. Él se vuelve a pedir a su sitio, en la acera. Son libros corrientes entre los que hay algunas sorpresas (Yourcenar, Wilkie Collins, Saul Bellow, mi muy admirado Miguel de la Quadra Salcedo...). Cuando le voy a pagar (la voluntad; le parece bien lo que le doy) me dice que paga 80 euros al mes por el trastero. "Es muy poco", añade. Bueno, no es tan poco, le digo. Me sorprende que una persona que vive en la calle considere muy poco dinero 80 euros. Cuánto sacará pidiendo. Me dice que mañana va a ir una mujer al trastero a limpiarlo y a colocar los libros en la estantería metálica para que se puedan ver sin problemas. Algo que podría hacer él en menos de una hora. A esa mujer la tiene que pagar, claro.

Pide en la calle, duerme en la entrada de una tienda, le dejan entrar en una casa para ducharse, le lavan la ropa, alquila un trastero para guardar libros, tiene un buen móvil, una cartilla en el banco, paga a una mujer para que le ordene el trastero... No entiendo nada.

Subimos el puerto de la Fuenfría por la calzada romana que unía Segovia y Miaccum, que no conserva nada del piso original, pero que tiene un trazado amable, con una inclinación nunca superior al 10%, y que transcurre por la sombra, protegida de los vientos, sin atravesar ninguna corriente de agua, y a continuación lo bajamos por el camino borbónico, que enlazaba Madrid con La Granja, un camino que conserva en muchos puntos las losas originales, expuesto al viento y al sol, que cruza un arroyo y que en muchos tramos tiene una pendiente brutal, de más del 20%. ¿Por qué en el siglo XVIII se hizo semejante trazado? En primer lugar, porque técnicamente era posible incorporar al tiro de un carruaje varias parejas de animales, lo que permitía subir el peso de grandes coches por rampas muy inclinadas. Y en segundo lugar (y aquí entramos en la psicología de la época), porque querían invertir menos tiempo en realizar el recorrido. Seguramente la necesidad de invertir menos tiempo en el recorrido llevó a inventar ese nuevo tiro con múltiples parejas. La humanidad camina hacia la prisa, cada vez es más consciente de la brevedad de la vida y de la importancia de disponer de más tiempo para hacer otras cosas. Es un viaje hacia la angustia, hacia las grandes preguntas filosóficas, hacia el existencialismo. ¿Cuál de los dos caminos implicaba un mayor sufrimiento para personas y animales? Parece que el recorrido del XVIII conllevaba más esfuerzo para los animales, aunque tampoco hay que pensar que el de época romana era un paseo divertido para las caballerías. No parece que la modernidad haya traído más alivio al trabajo de animales y personas. Quizá tampoco más sufrimiento.

Desde que ha vuelto de Europa, Salinger se siente cada día más angustiado, más aterrado, sin motivo. Solo se le viene a la cabeza una palabra: cesar. Solo eso puede acabar con su sufrimiento. Ha tenido una idea para un cuento: un suicidio en el que el lector, teniendo la posibilidad de sospechar que el personaje se puede quitar la vida, no llega a desarrollar esa sospecha y se encuentra de pronto ese hecho sorpresivo. Es un gran lector y sabe que Chejov anotó una idea para un cuento que no llegó a escribir: "Un hombre, en Montecarlo, va al casino, gana un millón, vuelve a casa, se suicida". Algo así quiere hacer. Aún más sofisticado. Quiere contar esa historia de manera indirecta, a través de otras historias. En ningún momento el personaje mostrará estar desesperado, ni nada semejante. Sin embargo, nos acercaremos al punto culminante en un crescendo dramático que nadie sospechará que lo sea. Pero tampoco se puede ocultar todo, porque en ese caso sería muy fácil, muy gratuito, muy arbitrario, muy injustificado. Se puede comenzar con un diálogo entre la mujer de ese hombre y alguien muy cercano a ella. Su padre o su madre, por ejemplo. Están preocupados porque desde que su hija empezó el viaje de novios con ese hombre no saben nada de ella. En la conversación los padres se hacen eco del rumor de que cuando su hija conoció al que ahora es su marido él tenía problemas mentales. Había estado internado en un psiquiátrico, dicen. Esto es una pista grande. La mujer desmiente que su marido esté mal, no que hubiese estado ingresado (lo que también probará cómo nadie conoce a los demás, ni siquiera a los que están más cerca). Es el huevo del drama. Nos enteramos mediante alusiones, medias palabras, de que hay algo que no va bien en la cabeza del hombre. Ahora, a la vez que el drama progresa, hay que alejar al lector de la pista explícita. Debemos ingresar en un mundo de inocencia y pureza. Nos vamos con el hombre, el personaje central, que está solo en la playa y se encuentra con un niño. Habla con él. Algo referido al mundo animal. Toda la conversación destila nihilismo, aunque no lo parezca, pues parecerá una conversación completamente infantil, ingenua. La cumbre del drama llegará cuando digan que es un día perfecto. Esa es la palabra sobre la que gravita toda la historia. Es una pista muy grande. Pero la mejor manera de invisibilizarla es dejarla a la vista, como la carta robada de Poe. Aparecerá en el título. Nadie podrá decir que se han ocultado datos, elementos fundamentales del relato. El lector más avisado leerá esa otra historia, la subterránea, la que está ocurriendo fuera de la vista, y sabrá que lo que se está contando es realmente otra cosa. Pero no sospechará cuál es esa otra cosa.

A pesar de todo, a mí ese cuento me parece tramposo. Se ocultan muchas cosas capitales que es imposible que el lector reconstruya. El cuento de Salinger que me parece realmente extraordinario es *El hombre que ríe*. Ahí hay dos historias bien a la vista, ninguna es subterránea u oculta. Una es la del entrenador y su chica y la otra es la que el entrenador les cuenta a los chicos, la del hombre que ríe. El lector enseguida ve la equivalencia entre una y otra. Lo mejor es la delicadeza con que se cuenta el desenlace de la primera historia a través de la segunda.

¡Cuánto he disfrutado leyendo a Agatha Christie! Los primeros libros que leí (*El testigo mudo, Asesinato en el campo de golf, Asesinato en el Orient Exprés*...) me deslumbraron. Cómo se podía mantener fuera de sospecha tanto tiempo a un personaje. Qué soluciones tan inesperadas y necesarias.

Poco a poco fui pillando el mecanismo. A medida que leía más novelas de ella llegaba un momento, hacia la mitad, en que adivinaba quién era el asesino. Ya no leía una novela. Leía un acertijo. Hoy he comprado en una librería de segunda mano *La ratonera*, la obra de teatro que no sé cuánto tiempo llevan representando en Londres, y leyendo el resumen de la solapa estoy seguro de haber adivinado quién es el asesino (recordando las soluciones que ha dado en otras novelas, esta sería de las pocas que le faltaban). Ahora me da una pereza tremenda leerla.

Una mujer vuelve al pueblo del que se fue hace 24 años. Está muy desmejorada. La acompaña un hombre. Llama a la puerta de una casa. Abre una mujer mayor, que se la queda mirando y sin decir palabra la acaba dejando entrar. Unos minutos después la puerta se vuelve a abrir. La primera mujer sale despedida, como si la hubiesen empujado. "Mamá, eres una hija de puta. El niño es mío." "No vuelvas por aquí. No te dejaré que lo vendas por droga." "¡Ese niño es mío!", grita la más joven. Se oye un portazo.

Por la tarde, en el cementerio del pueblo la misma pareja golpea con una cruz de piedra arrancada de otra tumba una lápida de mármol hasta que la rompen en varios trozos. Los apartan. El hombre salta dentro y vuelve a golpear con la cruz de piedra un suelo de ladrillo, que resuena a hueco. Tras hacer un agujero, salta al interior. Saca por el agujero un féretro muy estropeado. Más golpes hasta que la tapa salta. Dentro hay un pequeño esqueleto envuelto en un lienzo que fue blanco. La mujer le arrebata, le arranca a la momia, dos pulseras, una cadenita y un reloj, todo de oro. Después prenden fuego a los retos, resecos, que arden con violencia.

Esa misma noche la pareja es detenida. Están aturdidos, bajo los efectos de alguna sustancia. Ya no tienen ningún objeto de oro. Al meterlos en la comisaría, dos hombres se lanzan sobre los detenidos y, a pesar de la protección de la guardia civil, los golpean con fuerza. La mujer que recibió por la mañana a la que ahora han detenido mira desde la calle: "Ojalá os quemen en un bidón de embutido, como vosotros habéis hecho con tu hermanico muerto", grita, con un gesto impasible.

Todo esto ocurrió hace unos años en un pueblo de España. A ningún escritor se le habrían ocurrido una historia con tantos detalles inverosímiles.

Madame du Deffand se describe a sí misma como "ni fea ni guapa". En teoría, una persona que no es guapa puede ser o fea o del montón, ni fea ni guapa. En la realidad, una persona que no es guapa es fea. Una manera de ocultarlo es decir que eres del montón. Así ese inocente "ni fea ni guapa", en vez de parecer una cobarde ocultación de la fealdad, puede pasar por la humildad de no presumir de belleza.

El concepto de tiempo no surge en nuestra conciencia por asistir a la sucesión de días y noches, porque los diferentes momentos del día, o del año, los experimentamos como espacios diferentes. La idea de tiempo nace de sentir el latido de nuestro corazón u otros procesos fisiológicos. El tiempo es una noción biológica, no astronómica o de la física.

En la vida de todo buen corazón siempre hay un momento desconcertante en que por primera vez un desconocido le trata como si fuera un miserable.

Nueva visita al muchacho rumano que pide en López de Hoyos. "Hola, amigo", me saluda. "¿Qué tal?", le pregunto. "Jodido." Como hace muchísimo calor, se ha cambiado a la acera que está en sombra. "Hace un rato me he mareado y me he cambiado aquí", dice. Le pregunto si sigue teniendo libros en el trastero. "Sí", y se levanta para acompañarme. Por el camino me dice que ha cambiado el trastero por uno más grande. "De seis por seis." "Eso es enorme", le digo. "¿Por el mismo precio?" "No. Un poco más. Noventa euros. Es poco." "¿Cómo te llamas?", le pregunto. "Mario. Pero ya te lo dije. Me dijiste que como el santo." Le aclaro que no, que no me lo había dicho. Que yo nunca le habría dicho eso de como el santo, porque no sé quién es san Mario. Este trastero está mucho más cerca de la puerta de entrada. Le digo que no tiene seis por seis. Dos por dos, puede ser. "Pues es lo que pone en el contrato." El espacio es alto, pero a partir de cierta altura hay una red que impide que acumules cosas hacia muy arriba. Me cuenta que el otro día dejó a un hombre, alto y bien vestido, en el trastero viendo libros y que un rato después se lo encontró llevando libros a su casa sin decirle nada. "Le dije que era un gilipollas. ¡Robar a un pobre! Es lo último. Me dijo que yo tenía muchos libros. Es un gilipollas." "No, hombre", le digo. "Es una cosa peor..." Asiente. Juan también tenía un cliente que le robaba libros. Lo veía Ana, su mujer, y no se atrevía a decirle nada. Hasta que un día se hartó y le pidió que dejase los que se llevaba escondidos. Y que devolviese todos los que le había robado. Y el hombre bajó de su casa un montón de libros. "Pero no todos." En este trastero hay más libros que en el otro. Pero diría que son peores. Cojo algunos y cuando se los pago se le pone cara de felicidad. Se ha vuelto a cambiar a la acera del sol, pero ahora se da sombra con un paraguas. "¿Es mejor esta acera?", le pregunto. "No." "¿Y por qué no te quedas en la sombra?" "La costumbre."

El siglo XX vio cómo se destruían algunos de los conceptos intuitivos más arraigados. Por ejemplo, se descubrió que el nivel más elemental de la materia es espiritual. Que la materia en última instancia es espíritu. Y por otra, que algunas cosas invisibles, como por ejemplo algo tan abstracto como el espacio, es materia. Los objetos no se atraen a través del espacio. Es que siguen un camino, una deformación, un surco, del que no se pueden desviar.

Uno de los milagros más pequeños, más humildes, de la historia lo hizo sor Patrocinio, la monja de las llagas, esa monja intrigante, cuya vida se puede seguir, como decía Benjamín Jarnés, en *La Gaceta* (como si dijéramos en el *BOE*) leyendo decretos, leyes, decisiones gubernamentales, tantas veces aparecía en ella. Un año, al recoger sor Patrocinio el belén que habían tenido en el convento toda la Navidad, el pesebre del que acababa de sacar la figurita del Niño Jesús estaba tibio, como si el diminuto Niño de barro hubiese estado vivo.

Leo una entrevista de Paloma Chamorro (que hizo aquella entrevista tan buena a Dalí, en su programa de la tele, *La edad de oro*) al pintor Cuixart. Se reproducen cuadros de los años 40, 50 y 60, cuadros que son como fragmentos de paredes en ruinas. O de puertas abandonadas. Igual que tantos cuadros de Tapies. Se me ocurre que quizá ese arte, que parece tan abstracto, no sea más que un realismo severo. Hay que tener en cuenta que la destrucción completa de muchas ciudades que supuso la Guerra Civil española y la Segunda Guerra Mundial estaba muy reciente. Esos artistas aún tenían en las retinas esas imágenes de cascotes, de paredes caídas, de fragmentos de cosas heterogéneas. Quizá la reconstrucción de las ciudades supuso el fin del atormentado arte abstracto.

Dice Joan Salvat Papasseit (aquel poeta del que tanto le gustaba recitar a Dalí estos versos: "La guerra, el amor, la sal de la tierra"):

"Nada es mezquino; nunca
los días son fugaces;
y aunque la llames, no vendrá la muerte.
Nada es mezquino,
hay una canción en cada cosa."

Es conmovedor que esto lo escribiese un joven que murió con 30 años.

He oído a un egiptólogo decir que el mejor arte egipcio es el que se produce en la XVIII dinastía, entre los faraones Tutmosis III y Ay. ¿Qué quiere decir esto? ¿Que el arte por su propia evolución alcanzó en esa época su más alto grado de desarrollo? Para mí lo que quiere decir es que durante ese período (alrededor de 100 años) vivió un gran artista que alumbró formas y soluciones artísticas a las que nadie había llegado nunca y formó en sus habilidades a algún hijo o a algún discípulo, cuya inspiración fue declinando cuando él faltó. Su ejemplo se fue desvaneciendo y ese arte perfecto acabó por desaparecer. Es decir, un asunto de individualidades. Se me puede replicar que si no hubiesen surgido ellos, habrían surgido otros. Quizá igual de geniales. O mejores. Sí, pero en todo caso serían distintos. Y el mundo sería diferente, pues el arte que conocemos como sublime es ese concreto.

Durante toda la noche la rosa ha construido una invisible rosa de perfume, un doble suyo, pero de olor, y que en la mañana el primero que pasa destruye al aspirarla como si fuera un mero aroma.

Las cosas "son" con toda naturalidad, ninguna es extraordinaria cuando ocurre. Incluso las que aparecen en lugares inesperados están ahí con toda naturalidad. Lo que las vuelve extraordinarias no es tanto el "no ser" como el "haber sido". Es decir, el desaparecer. Un billete de 200 euros caído en el suelo lo encontramos tan natural como si lo vemos en una cartera. Un libro maravilloso, único, mezclado en un tablero con montones de libros deleznables, repetidos, está ahí con enorme naturalidad. Y con las personas pasa igual. Cuando yo vi a Borges en el Retiro de Madrid, parecía lo más natural que estuviera allí. "Ser" banaliza. Desmilagriza. Es cuando las perdemos, cuando las cosas se vuelven extraordinarias.

Hace más de trece mil millones de años, el universo que ahora conocemos era un informe conjunto de partículas elementales, nos dicen. Quizá siga siendo una multitud caótica de partículas y seamos nosotros, una combinación aleatoria de ellas, quienes les damos un sentido. Y quizá otra combinación de partículas completamente distinta también vea sentido en su composición. Sea cual sea la combinación, es posible que siempre les acompañe el sentido, que como la forma, sea algo que siempre está presente. Pero que al fondo en realidad no haya nada.

Otro ejemplo que prueba que muchas veces el escritor (o el hablante) siente que el masculino genérico está ocultando a las mujeres, y que tiene que desdoblar el genérico si quiere hacerlas visibles, lo que suele ocurrir en contextos negativos, es el siguiente de Baroja: "En el puesto avanzado de la frontera, en el alto de Biaudiz, hay tres casuchas, una de los carabineros y las otras dos en donde se vende vino. Ahora, los domingos por la tarde, suelen subir una porción de franceses y de francesas al puesto avanzado a merendar" (*Las horas solitarias. Notas de un aprendiz de psicólogo*). Baroja, que ha dicho que en dos de las casas del puesto avanzado se vende vino, quiere dejar claro que a beber vino, lo que puede ser una actividad de borrachines, suben tanto hombres como mujeres, cuando el genérico *franceses* habría bastado.

Paradojas de la pandemia. Ayer me pasó lo siguiente. Entré en el DIA, distraído, con la mascarilla sujeta en la muñeca, sin ponérmela. Después de un rato, se me acerca el chico de la caja y me dice: "Míster: la mascarilla, porfa". "Ah, sí, disculpa." Y cuando voy a pagar, ya con la mascarilla puesta, me dice: "No te conocí antes sin la mascarilla".

Después de ver unas cuantas películas de Truffaut y de Chabrol, veo esta *Banda aparte*, de Godard. De 1964. Todo me parece gratuito, arbitrario. Cuánto se aburrían los intelectuales de la época. No sabían qué hacer para resultar originales. Inventaron el posmodernismo, que consiste en no creerse la historia que estás contando. No en tomársela a broma, sino en no tomársela en serio. Estos chicos admiraban a John Ford (aquí sale una cartelera que anuncia *3 sargentos*), pero no sé por qué, pues no intentaban contar historias como las suyas.

Sentimos que el universo es una parte más de nosotros. Es difícil aceptar que nosotros desapareceremos y el universo seguirá aquí.

La propiedad privada, contra lo que podríamos creer, puede no ser una muestra del egoísmo humano. Los filósofos escolásticos la recomiendan como mecanismo de supervivencia del grupo. En los pueblos y aldeas (y eso hasta fechas muy recientes) funcionaba una solidaridad máxima, hasta donde lo permitían las posibilidades de cada cual. La manera de alargar la vida de un objeto, de un bien, y por tanto de ahorrar trabajos a toda la colectividad (pues su falta obligaría a todos a un mayor esfuerzo), es sustraerlo del uso común y dejarlo en manos de una sola persona, que se ha comprometido a cuidarlo. Habían observado que lo que es de muchos se desatiende.

Creo que nunca he entendido *La dama del perrito*, el cuento de Chéjov. Vamos, no es que no lo haya entendido. No he entendido el fervor que despierta. Yo nunca he conseguido entrar en esa historia. El hombre, el protagonista, me parece un majadero, un tipo con el que no encuentro ninguna afinidad, ninguna empatía, como se dice ahora. Un hombre que está engañando a su mujer y a sus hijos sin sentir ningún remordimiento. Un tipo que desprecia a las mujeres en general y que piensa aprovecharse de esa mujer del perrito, pero a la que acaba echando de menos cuando se separa de ella. La verdad, no me interesa mucho lo que pueda sentir o lo que le pueda pasar a ese tipo. Porque además el cuento está más visto desde la perspectiva del hombre que de la mujer, seguramente para que ella quede en un lugar lateral, secundario, y nos veamos obligados a hacer una lectura más fina, más atenta (porque la protagonista realmente es ella). Entiendo el drama de esa mujer, que está sola, o peor que sola, pues está casada con un marido zafio y brutal. Pero no entiendo el drama del hombre, que también forma parte de la historia. O, por decirlo de una manera ordinaria, me la suda el drama de ese hombre. Quizá Chéjov quiere mostrar en él a un personaje cualquiera, un tipo que no tiene nada de admirable, para que veamos que también esa gente tiene sentimientos delicados y hasta sublimes. Pero lo mismo se podría contar con gente muy despreciable (más despreciable). Hay un cuento de Rafael Barrett, *El perro*, que tiene cierto parecido con el cuento de Chéjov. Es también una exiliada rusa que tiene un perro, que está sola en un balneario esperando a que llegue su tirano marido y que, mientras, conoce a un hombre que le despierta sentimientos elevados, digamos, y con el que pasa unos días muy bonitos e inocentes. Aquí el hombre es de verdad un hombre cualquiera y sobre todo el peso de la historia está desviado hacia la mujer de una manera sutil, pues es su perro, una especie de prolongación de ella, de su naturaleza más animal, más puramente biológica, quien demuestra delicadeza, inteligencia, etc. Vemos el interior de ella en el comportamiento del perro.

Para cortar la carne y acceder al alimento que hay en el interior de los huesos el ser humano fabricó herramientas que le ahorraban el esfuerzo. Para cada problema, para cada dolor, para cada sufrimiento diario, acabó desarrollando una herramienta. Para el problema de la muerte, el de quedarnos sin nada, después de tenerlo todo y desaparecer sin dejar el más leve rastro, desarrolló la herramienta de Dios. Seguramente no hay Dios, ni un más allá, ni una prolongación de la vida. Pero la herramienta funciona. Es un gran invento. Una herramienta que trabaja sobre un material que no existe y que, sin embargo, cumple la misma función que si el material existiese. Es como si se hubiese inventado un cuchillo que no necesita que exista la carne que debe cortar para quitarnos el hambre.

Puestas en el compromiso de dar una opinión, aunque no tengan ninguna, porque nunca se han parado a pensar en ello, todas las personas te darán una. Nada hay más fácil de improvisar. Todos tenemos una. De lo que sea.

Por mucho que uno piense que es una mera fantasmagoría, qué presencia tan contundente tiene el mundo material. Dice Soledad Puértolas, y ella lo dice de manera muy brillante, que el estilo consiste en jerarquizar: qué palabra va antes que otras en la frase, qué frase va antes en el párrafo o en la página, y qué cuentas antes y qué cuentas después. Sí, el estilo es mucho más esto que un asunto meramente lingüístico, de tamaño de oraciones o de abundancia o escasez de adjetivos, etc. El estilo consiste en crear sistemas planetarios, con un astro que gobierna a otros, que a su vez gobiernan a otros.

Leo las siete entrevistas de Fernando Sorrentino a Adolfo Bioy Casares, libro delicioso de leer (aunque la palabra *delicioso* no sea muy adecuada). Ahí se habla de Mastronardi, de Marechal, de Martínez Estrada, de Mallea, de Ulyses Petit de Murat..., gente mucha de ella de la que uno ha tenido noticia en las entrevistas a Borges o en biografías de Borges. Desde la distancia uno los conoce como satélites del gran astro Borges, apéndices de Borges, nombres subordinados al de Borges, o cuya existencia es más bien debida a Borges. Y al leer las palabras de Bioy uno se sorprende viendo que son gente que en una reunión podían llevarle la contraria a Borges, o anularle, no dejarle hablar. Que tenían más peso que él.

Que hay gente que no nos quiere es una obviedad tan grande que abochorna decirlo. Pero hay un momento en la vida en que descubrimos eso con estupor y desconcierto.

Cuando oímos una buena historia estamos deseando contarla nosotros. No nos importa plagiarla. Cuando salimos del cine de ver una película que nos ha gustado, siempre recontamos las partes favoritas: Y cuando va y le dice que... Somos animales miméticos.

Más agradable e interesante que tratar con gente que muestra o demuestra su inteligencia es tratar con personas que se conducen con sentido común. Pero a la vez la gente que elogia el sentido común como la base de su conducta resulta muy ramplona. Así como no soporto los actos extravagantes, tampoco soporto los discursos sensatos. Nuestro discurso tiene que tener un punto de "locura", de irracional, de cosa inesperada incluso para nosotros. De cosa que vuela y no se arrastra.

En algún momento de su vida todas las mujeres llegan a lo más alto de la poesía. Escriben unos versos en un cuadernito que acaban perdiendo, o en una carta, una noche algo bebidas, una carta que no llegan a echar, o en cualquier papel, un día que les da por llorar, con unos fallos gramaticales que dan una inesperada profundidad a lo que escriben. Todas llegan a lo más alto. Y ninguna sabe que ha llegado tan alto. Ni siquiera Emily Dickinson lo supo.

A veces aparecía una cría de gorrión sin plumas, junto a una pared, con unos ojos enormes cerrados, cubiertos por la telilla de los párpados. Se había caído del nido. Cuánta curiosidad provocaba la muerte. Cuánta fascinación. La misma curiosidad que cuando veías un escarabajo te llevaba a pisarlo. No sentíamos que hubiese diferencia entre la vida y la muerte. No porque pensásemos que lo que moría seguía vivo, sino porque sentíamos que los seres vivos realmente estaban muertos.

Los templos en los que Dios está más presente son las ermitas en ruinas. Son los que más convienen a su timidez.

La belleza es el cemento del universo.

En el terraplén de la vía del tren (un corte en una gran loma arenosa) había, a bastante altura, una cueva, un entrante misterioso que a todas horas mantenía su interior a oscuras. Debajo de la cueva, a muchos metros de distancia, había un lecho de blanda arena al que nos dejábamos caer desde la cueva. Era un salto larguísimo. Durante los instantes que duraba el vuelo sentías que ibas a caer fuera del mundo.

En noches de agitación uno siente que la respiración es un automatismo, una operación mecánica fatigosa, molesta, una humillación animal para nuestra elegante existencia espiritual. Pero en momentos de calma, de serenidad, en los que se produce una profunda aceptación de todo lo que nos rodea, lo que siente uno es que la respiración, esa operación en la que el aire entra y sale de nosotros, en la que el mundo se mezcla dentro de nosotros, se desliza sin esfuerzo y sentimos su simbolismo como una gran enseñanza.

Quienes tratan de desacreditar el universo como mero mecanismo, como cosa que funciona de manera automática, sin alma, no caen en que quizá incluso las máquinas más sencillas y humildes tienen algo de organismo, de cuerpo vivo con una voluntad y un sufrimiento. Que la fórmula mundo igual a máquina quizá no rebaje el mundo, sino que eleve a la máquina, y que no es posible la existencia de ningún rígido automatismo no sintiente.

Durante su viaje por España, en la visita que hace Younger al jefe de obras del ayuntamiento de Madrid, este le pide que le acompañe a un almacén municipal, en el que tiene que buscar una pieza. El almacén está en la Casa de Campo, en un terreno tapiado, sin árboles, en el que solo crecen hierbas. Está lleno de formas y fragmentos de piedra. Son monumentos desmontados a la espera de un nuevo destino. Por los bordes de la base de las piedras, la hierba de debajo crece en oblicuo, como huyendo de la piedra. En un sector aparte hay como piezas sueltas, fragmentos de edificios o de construcciones. Esa bola, le dice el jefe de obras, mató hace meses a un niño. Le cayó en la cabeza desde el pretil del puente de Segovia. Aquel tablón acabó con don Luis Cabrera, catedrático de universidad, una gloria mundial en su especialidad. Todos estos inofensivos trastos son asesinos. Están arrestados, a la espera de su sentencia. Seguramente acabarán reducidos a polvo o a humo y aventados en un monte.

Por una esquina aparece un globo empujado por el viento. No hay rastro en todos los alrededores del niño que llora su pérdida.

Se cuenta que durante la invasión francesa un oficial y varios soldados del ejército de Napoleón quedaron aislados del resto de la tropa y buscaron refugio en un edificio. Los madrileños rodearon el edificio y le pegaron fuego. Los soldados comenzaron a salir entre el humo. Unos fueron atrapados y ejecutados en el acto y otros escaparon. Cuando parecía que ya no quedaba nadie más en el edificio, el perro de uno de los sitiadores seguía ladrando, lo que fue interpretado como que el perro había contado los que habían entrado y los que habían salido y aún faltaba alguien por salir. Alguien dijo que quien no había salido era el oficial. Entraron y registraron el edificio. Todas las habitaciones estaban vacías. La última que registraron fue la de la maquinaria del reloj que el edificio tenía en la fachada. Allí encontraron a un ratón. Como los franceses se habían aliado con el demonio, todos supieron que aquel ratón era el oficial francés. Lo atraparon, lo llevaron a la calle, lo estrellaron varias veces contra una pared, lo pisotearon, le clavaron navajas y finalmente lo colgaron del cuello. Nadie encontró excesiva la muerte que le dieron a aquel animalito.

Dentro del género literario de los encuentros y entrevistas con Borges hay a su vez varios subgéneros. Primero está el de las visitas a Maipú. Recuerdo, por ejemplo, entre otras muchas, las que le hicieron el leonés Antonio Pereira, que cuando Borges le dice que le gusta su corbata amarilla, le responde que sí, que es amarilla, por amabilidad, pues no es amarilla, solo porque sabe que es el último color que Borges es capaz de distinguir, o el albaceteño Martínez Sarrión, o el inglés Paul Theroux, a quien Borges le pide que le lea unas páginas de Kipling o de Chesterton... Pero es que dentro de ese grupo de las visitas hay otro subgénero formado por las visitas de chicos, o adolescentes. Están la de Claudio Pérez Míguez, contada en *Recuerdo de Borges*, un libro con una primera edición artesanal, pero lleno de erratas y más que erratas y sobre todo un libro muy modesto, con muy poco interés, que cuenta las visitas que hace un niño que además convence al escritor para que vaya a su instituto (lo mejor de este libro, para mí, es la foto de Borges con una máscara de lobo). Y está sobre todo las que le hicieron Alejandro Pose Mayayo y su amigo Jorge, contadas en *Borges in situ*, donde se cuentan con mucho desparpajo esas visitas que le hicieron un par de muchachos a un Borges octogenario y bienhumorado, que, por ejemplo, les enseñó cómo se nombra en el argot inglés el miembro viril, señalándoselo con la mano, porque los chicos no acaban de entender a qué se refiere (John Thomas, y Lady Jean el sexo femenino) o que cuando él pide que le lean algo suyo y los chicos le preguntan: "¿De *Luna de enfrente* o de *Fervor*?", contesta horrorizado: "No, nada de eso, por favor". También Héctor Álvarez Castillo, en *Camino a Babel*, habla de una visita de un grupo de niños, una clase de un colegio, en la que un niño le pregunta a Borges por una poetisa, que Borges no conoce, y el niño le reprocha que no la conozca. Cuando Borges le pide un poema de ella para juzgar, el niño no recuerda ninguno. Ni siquiera un verso. Si entre sus admiradores no ha dejado un verso memorable... musita Borges.

Camino por la calle, pensando eso tan viejo de que si de todo lo que somos y hacemos no queda nada, es todo un absurdo. Pero de pronto lo veo de otro modo. Veo como algo grandioso que todo eso desaparezca conmigo. Lo único que cuenta es el presente. Es lo que tiene sentido. El presente es eterno, está fijo. Y eso no lo desmiente el paso del tiempo. El hecho de que las cosas desaparezcan, se desvanezcan en la nada, ahora lo veo como algo sublime. Es la mayor magia que puede existir. Pero es que además las cosas mientras son, son para siempre. El ser no tiene tratos con el tiempo.

Cuenta Pearl S. Buck en su muy interesante libro sobre Japón que rodando allí un cineasta americano en los años 60 un documental sobre las mujeres buceadoras pescadoras de perlas, que acostumbraban a sumergirse desnudas de cintura para arriba, sin ningún pudor, el americano pensó que quizá tendría problemas con la censura en su país y les pidió a las mujeres que se pusieran sujetadores. Las mujeres se los pusieron, pero les resultaron tan incómodos, les estorbaban tanto y les hacían tan conscientes de su desnudez, que no eran capaces de bucear. Dice Pearl S. Buck que las mujeres japonesas no dan a la desnudez de los pechos femeninos la importancia que les dan las mujeres y sobre todo los hombres occidentales. Para los hombres japoneses hay más belleza en los pies de las mujeres que en sus pechos. Y la parte del cuerpo femenino que les parece más hermosa es la nuca, la parte posterior y alta del cuello (el traductor la llama el cogote).

Qué hermoso retrato hace de su madre Miguel de Torre Borges. Qué personaje tan entrañable y maravilloso resulta ser Norah, esa mujer, tan distinta, por otra parte, de su hermano.

"Esas manchas de pus y sangre, en las ropas de Miguel, no desaparecieron nunca. Los calzoncillos los gastó mi hermano, y ya hechos pedazos, quedaron patentes los rodales de esas manchas. Mi hermano, que era de la quinta del 41, estuvo tres años en el servicio militar, y cuando vino cumplido, tenía escasas esas prendas, y me dijo que le diera algo de Miguel. Al decirle yo que los calzoncillos estaban en ese estado, me dijo que no le importaba, que se los diera. Y hasta que se rompieron tuvimos ese recuerdo tan manifiesto, él llevándolos puestos, y yo por tenerlos que lavar".

Quien escribe es Josefina Manresa, en *Recuerdos de la viuda de Miguel Hernández*. Podría haber escogido prácticamente cualquier otro fragmento del libro. Abro al azar y leo: "Cuando nació el primer hijo, la aficionada comadrona cobró veinte pesetas y las tuvo que pagar mi tía. De alimentación, menos mal que teníamos una cabra. Esta se llamaba Fina, ya vino con ese nombre porque era una cabra muy bonita y muy fina, según decían, pero se quedó muy pronto sin leche y la tuvimos que vender, y compramos otra. El niño era muy hermoso y se parecía todo a Miguel, los ojos los tenía iguales, menos el color, que eran negros, y Miguel los tenía verdes, pero con la misma forma, muy grandes, con las pestañas muy largas y espesas, y mucho blanco del ojo que no estaba en proporción de la niña, como los tenía Miguel. La manera de ser la veía como la de Miguel. Su enfermedad duró cuatro meses y parecía que sufría con conocimiento. Murió a los diez meses justos".

O véase con qué delicadeza cuenta la muerte del poeta en este pasaje: "Al día siguiente fui a preguntar por él y me dijeron que podía entrar a verlo. Esta vez no me llevé al niño, y me preguntó por él. Con lágrimas que le corrían por la mejilla, me dijo varias veces: «Te lo tenías que haber traído». Tenía la ronquera de la muerte, yo le toqué los pies y los tenía fríos y con rodales negros. Al día siguiente aún fue mi esperanza a llevarle el alimento y, al poner la bolsa en la taquilla, me la rechazaron mirándome. Yo me fui sin preguntar nada. No tenía valor de que me aseguraran su muerte. Me fui a casa de su hermana y le dije que Miguel había muerto. Ella se tomó el caldo que le llevaba a Miguel ese día."

Qué libro tan extraordinario. Me recuerda las cartas de Santa Teresa o las cartas de Elena Fortún (o su *Celia en la revolución*). Para mí es una de las grandes obras de la literatura española. Qué intensidad, Dios. Y qué poco énfasis pone en todo lo que dice. No quiere levantar la voz, ni llamar la atención. Parece que está hablando consigo misma. Hablar de estilo escueto, sobrio, en un libro como este, seguramente es falsearlo. No hay estilo, en el sentido de artificio. Es todo expresión natural. Y luego está el tono. Todo lo que cuenta Josefina, todos los sufrimientos, le darían derecho a sentirse furiosa con mucha gente. Pero nunca se expresa con rabia, solo con pena. Pena y compasión por todo y por todos. Y serenidad. Con qué serenidad están contadas tantas desgracias, tantos dolores.

Me resulta imposible transmitir lo que es este libro. Todo lo que se me ocurre es copiarlo aquí. Copiarlo y guardar silencio.

Dice Gary Snyder en un poema dedicado a los animales muertos en una carretera interestatal que todas esas carreteras cruzan sendas de animales antiquísimas y que ese es el motivo de que se les atropelle.

Algún día escribiré un ensayo sobre la dificultad de llamar por teléfono. Si el acto más cansado del mundo es hablar, pues exige el doble esfuerzo de interpretar lo que está queriendo decir la otra persona y de traducir lo que queremos decir a su lengua (es decir, hacer un doble acoplamiento, un acoplamiento en dos direcciones), hacerlo después de haberlo planeado (eso es lo que supone llamar por teléfono) es agotador. Planear las líneas generales de una conversación, tratar de adelantar los imprevistos que van a surgir, como en una partida de ajedrez, es tan desalentador que casi nunca merece el esfuerzo.

Leer es una forma de escribir, quizá la más confiable. Uno lee y de cada libro se le van adhiriendo fragmentos que se incorporan al libro de nuestra existencia. Cuando escribimos lo que hacemos es rescatar a nuestra manera los fragmentos que más nos han impresionado como lectores. Tengo un cuaderno en el que siendo adolescente anotaba reflexiones y fragmentos de libros leídos. Cada vez que lo releo suprimo alguna de mis reflexiones. De tal manera que se va convirtiendo en una mera sucesión de citas. Y esos fragmentos son lo que mejor me expresa. Son realmente un libro escrito por mí.

Y también escribir es una forma de leer. Uno escribe y va llegando a lugares inesperados. Cuando uno consigue que lo que ha escrito le resulte ajeno (que es lo que ocurre cuando leemos) tiene la experiencia más alta como escritor.

Diálogo oído en la calle entre una niña y su abuelo:
—Abuelo, ¿me he portado bien?
—Muy bien.
—¿De maravilla?
—Sí, de maravilla.
—Qué alegría. Yo no sabía que era tan buena.

Estoy en la cama, de noche, tapado, con los ojos cerrados. A veces, tras algunos movimientos, oigo la sangre, mi sangre, pasando cerca de mis oídos impulsada por cada latido. Todo está en silencio. Oigo también, muy leve, en algunos momentos, circular el agua por alguna cañería lejana. Quizá esté dos o tres pisos más allá del mío. Es casi como el ruido que hace mi sangre. Son sonidos que se confunden. Parece que el edificio es mi cuerpo. Soy una consciencia más de todas las que hay dentro del edificio. También oigo a través de las ventanas cerradas, ladridos amortiguados. O voces. Realmente no siento mi cuerpo. Soy solo una cabecita que piensa. Una cabecita como una ciruela hundida en la masa de un pastel. El universo es un pastel, en cuya masa hay muchas ciruelas, consciencias. Las voces pertenecen a sueños que están ocurriendo ahí fuera y a los que se conectan las cabecitas que duermen.

Curioseando en una librería encuentro un librito de entrevistas con Walt Disney, en el que sale el famoso interrogatorio de la época de Macarthy, cuando denunció a compañeros de Hollywood por comunistas, o eso dice la tradición. A mí me parece que esa tradición miente. Benet y Sánchez Ferlosio escribieron condenas salvajes de las películas de Disney. Ferlosio dice que Walt Disney es el gran corruptor de menores y "la mayor catástrofe estética, moral y cultural del siglo XX". La mayor catástrofe moral del siglo XX. El siglo del Holocausto, o de los gulags. ¿Se puede ser más frívolo? Me parece estar oyendo a uno de esos bebedores que discuten en la barra de un bar sobre fútbol, después de haberse pimplado doce cañas, y que asegura que no sé qué jugador es el mejor artista de la historia.

En parte por llevar la contraria a esa gente, pero también porque lo creo realmente, me parece que el de Disney es un cine precioso, que hay películas maravillosas (cuando mis hijas eran pequeñas vi algunas de ellas decenas de veces: *Blancanieves* me parece un prodigio, y *Pinocho* y *Los aristogatos* y muchas; no todas). Lo que sospecho, al leer la transcripción de ese interrogatorio, es que los ataques a Disney deben de proceder de cierta propaganda, furiosa porque se negó a plegarse a sus instrucciones. Antes de ese interrogatorio, un sindicalista de su empresa le amenazó con desprestigiarle, con hundirle, si no hacía lo que le dijesen. Él consideró que ceder a las amenazas era antiamericano y se negó. Y entonces empezaron los ataques a su cine "ñoño" en todo el mundo. No denunció a compañeros comunistas. Denunció a un tipo cabrón que le chantajeó (como dato marginal, él pensaba que el tipo era comunista). La campaña contra Disney no empezó después del interrogatorio en que lo delató. Empezó antes. Digamos que la "delación" fue la respuesta al ataque al que le sometieron. Además ese famoso interrogatorio no iba dirigido a descubrir comunistas, sino a descubrir antiamericanos. Lo primero que le preguntan a Disney es si en su empresa hay comunistas o fascistas, ambos enemigos de América. Siempre se dice que buscaban comunistas. Pero no se dice que también buscaban fascistas. Y cuando al final le preguntan a Disney si cree que se debería prohibir el partido comunista en América, él dice que no ve peligro en ser comunista, que lo único que importa es si el comportamiento de alguien es antiamericano o no. O sea, no era el anticomunista furioso que nos han vendido. Lo que pasa es que la propaganda comunista siempre ha tenido mucha fuerza. Se han atribuido una superioridad moral que nadie ha discutido. Y al que la ha discutido lo han hundido (conviene leer *El fin de la inocencia*, de Stephen Koch, que está lleno de casos conocidos que dejan a uno aturdido, o *La ruptura*, donde cuenta lo que hicieron con Dos Passos).

Leo ahora el librito de Eisenstein sobre Disney, escrito en los años 40 del siglo XX, lleno de simpatía y admiración por Disney, y los argumentos de sus continuos elogios aluden al anticapitalismo de sus películas, a la anulación que llevan a cabo del sufrimiento provocado por el estado clasista..., es decir, argumentos que podría esgrimir un comunista, o un izquierdista en general.

Lo que quiero decir es que la mala prensa que tiene

Disney entre alguna gente podría ser buena si, sin cambiar su obra, se hubiese plegado a ciertas exigencias.

(Creo que esa condena de S. F. tan furiosa de Disney tiene su origen en que alguna vez oyó a su hija despreciar esos dibujos. Su hija, que murió tan joven y a la que adoraba. Un hombre tan inteligente no va a reconocer un hecho tan sencillo. Su manera de solidarizarse con su hija, con su juicio y con su muerte, tiene que ser algo retorcido.)

"Algo se pierde en la noche", dice el poeta romántico alemán Eichendorff. Es exacto. Es la impresión que tiene uno en la noche. Que falta algo.

Solo imaginando un más allá de la vida (un más allá que seguramente no existe en realidad) se puede vivir la vida en toda su intensidad. De la misma forma, solo imaginando un más allá del sexo se puede disfrutarlo en toda su potencia.

Lo que casi siempre siente quien lee los *Crímenes ejemplares*, de Max Aub, obra maestra del microrrelato en español, es que, a pesar de ser un inventario bastante extenso de crímenes con motivos inesperados (pero convincentes), faltan algunos. Es raro el lector que cuando acaba el libro no escribe los suyos.

Un día cogí de la cocina, de la bandeja en la que mi madre ponía el dinero que le sobraba de la compra diaria y que cada cierto tiempo juntaba para una nueva compra, dos monedas, pensando en gastarlas en algún juguete, quizá en canicas. En la calle, camino de la tienda me encontré a dos amigos que iban a liberar a un grillo que llevaban en una jaula. Cuando por fin consiguieron que el animal se metiera en un agujero que le habían buscado, era la hora de comer. Volví a casa. Al entrar en la cocina le di a mi madre las dos monedas y le dije que me las había encontrado. Me pasé toda la tarde pensando si había cometido dos delitos, hurtar las monedas y mentir al devolverlas, o ninguno, pues había restituido la situación inicial.

A veces mi madre me mandaba a hacer algún recado. A mí me gustaba ir a la tienda en la que vendían encurtidos y frutos secos, sobre todo porque estaba muy cerca de otra en la que vendían grillos en unas jaulas maravillosamente pequeñas. Aunque mi madre me decía que no me entretuviera, siempre me acercaba a ver los grillos. Los miraba y los volvía a mirar de cerca y llegaba un momento en que me parecían enormes, llenos de detalles, pelos, articulaciones, surcos..., detalles que no se aprecian a simple vista. Parecían otros animales. Yo había comprobado una cosa: si me quedaba mirándolos

uno, dos o tres minutos, mi madre se daba cuenta del retraso y me regañaba por entretenerme. Pero si el retraso
era de más de cuatro o cinco minutos, mi madre solo me
preguntaba extrañada si no había tardado mucho. Tenía
observado que a partir de cierto límite el cerebro es incapaz de computar el tiempo con precisión. Miraba los
grillos con el reloj en la mano. Hasta que no había pasado la frontera de los cuatro-cinco minutos, nunca tenía
prisa por volver. En el camino me preguntaba si no andaba siempre a vueltas con algún pensamiento retorcido.

¿Por qué un libro que tiene sesenta años se sigue leyendo con gusto? La primera condición es la naturalidad
en la expresión. Pero eso acaba desapareciendo. El tiempo acaba haciendo que lo que hoy suena natural acabe
sonando forzado, artificial. Lo principal, me parece, es
que el libro cree un clima en el que nos sentimos a gusto, y ese clima puede ser estético, intelectual, poético,
humorístico, religioso, emocional, nostálgico... El clima
es algo parecido al tono. El tono es más importante que
el estilo. Se puede escribir con estilos muy diferentes en
un mismo tono. Y es el tono el que nos hace digeribles
los estilos.

Eugenio Montes descubrió en textos de historiadores
antiguos que los gobernadores romanos, cuando viaja-

ban a un nuevo destino solían llevar tropas del territorio que abandonaban. Por ello sostuvo que Poncio Pilato al llegar a Judea llevaba un contingente de soldados de la antigua Tarraco. Imaginó que el carpintero que hacía las cruces para las ejecuciones era de Port de la Selva, pueblo maderero por antonomasia, que dar vinagre a quien tiene sed era una ocurrencia de un ampurdanés trastornado por la tramontana, de alguien que podía haber nacido en los alrededores de Figueras, y que los lanceros eran pequeños de estatura, como los pastores de Pals, que estaban acostumbrados a alcanzar todo lo que quedaba alto pinchándolo con largas varas de fresno.

"Un crítico es un señor que escribe acerca de un libro para los que lo han leído", dice Max Aub. Eso es exacto. Por eso tan a menudo los críticos destripan los libros que comentan. Lo dice inesperadamente en una anotación sobre el juego (en *Trampas*, que es una enciclopedia de la lengua que se emplea en el juego y también una apología de la trampa).

Leo otra biografía del último duque de Osuna.

En su pasaporte había hecho consignar estos y otros apellidos: Beaufort-Spontin, Pimentel, Fernández de Velasco, Herrera, López de Zúñiga, Pérez de Guzmán,

Sotomayor, Maza, Ladrón de Lizama, Carroz, Arborea, Borja, Centellas, Ponce de León, Benavides, Enríquez, Toledo, Salm-Salm, Hurtado de Mendoza, Orozco, Silva, Gómez de Sandoval, Rojas, Santiago, Osorio, Luna, Aragón de la Cerda, Narváez, Haro y Duarte...

Pero la historia lo conoce con el breve Mariano Téllez-Girón.

Duque también de Benavente, del Infantado, Gandía, Arcos, Lerma, Medina de Rioseco, Béjar, Plasencia, Pastrana, Estremera, Monteagudo, Francavilla, Mandas y Villanueva.

Príncipe de Esquilache, de Mélito y de Éboli.

Marqués de Peñafiel, Távora, Gibraleón, Marquiria, Terranova, Lombay, de Zahara, Santillana, Cerrete, Almenara, Cea, Augecilla y Argüezo.

Conde de Ureña, Fontanar, Beaufort, Mayorga, Belalcázar, Bañares, Oliva, Mayalde, Osilo, Coguinas, Bailén, Casares, Saldaña, Villada, Real de Manzanares y del Cid.

Vizconde de la Puebla y Alcocer.

Barón de Alberique, Alázquez, Gabarda y Ayora, de la Roca de Anguitala, con el señorío de la ciudad de Repollea y la villa de Mendolea en el reino de Nápoles.

Señor de las Encontradas de Curadoria, Lihurgas, Barbajia, Ololay, Barbajia-Seulo y villa de Zicci, en Cerdeña, y primera voz o brazo militar en el reino de Cerdeña.

Mayorazgo de Treinta y Cuatro Cuentos.

Teniente de la alcaldía de la fortaleza de Simancas.

Patrono único de las iglesias colegiatas de Nuestra Señora de la Asunción de la villa de Osuna, de las ciudades de Gandía, Pastrana, Lerma y Ampudia.

Diez veces grande de España...

La fortuna de su familia solo cedía a la del zar de todas las Rusias. Él la despilfarró en unos pocos años.

Nació en Madrid. Huérfano prematuro, se crio junto a una abuela que gastó una fortuna en crear el vergel del Capricho en un secarral de las afueras de Madrid, que sirvió cubos de champán a los caballos de un príncipe al que unos días antes se le había acabado esa misma bebida en una fiesta a la que asistía el rey y que a un marqués que buscaba una moneda caída de la mesa de juego le alumbró con un fajo de billetes que prendió como una antorcha.

Su educación no fue muy esmerada, pues era el segundón.

Altanero, soberbio, impertinente, desprendido.

La ancha bóveda del cráneo, sin pelo, el mentón estrecho y un sombrero cónico a la moda del momento le daban al conjunto de su cabeza una forma romboidal. Pero eran años en los que se llevaba la calva y a menudo prescindía del sombrero. Así solo parecía cabezón.

Miope, con un permanente gesto de desdén.

Merimée admiraba sus corbatas.

Cuando atraviesa la veintena, muere su hermano Pedro, el mayorazgo, y le sobreviene toda la fortuna de su casa.

Igual que en tiempos de los romanos una ardilla podía cruzar la Península saltando de un árbol a otro, él podía cruzar España en cualquier dirección sin salirse de sus tierras.

En todos sus palacios, dentro y fuera de España, se cocinaba a diario para cincuenta personas y se servía la comida, aunque no se presentase nadie.

Si se le caía una perla de la botonadura jamás se agachaba a recogerla. Incluso fingía no reparar en ella.

Las pocas guerreras suyas que se han conservado están todas desgarradas, por el peso de las medallas y condecoraciones militares que soportaban.

Vivió la época en que los reyes presumían de pobres. "El sombrero más viejo es el mío", decía el emperador austriaco. Los reyes construían en sus parques una casita de labrador a la que a veces sentían la fantasía de retirarse. Todo eso a él le repugnaba.

Su palacio del cerro de las Vistillas estaba lleno de mayordomos y criados traídos de distintas cortes europeas por el ingenioso procedimiento de ofrecerles una paga cien veces más grande.

En su época España no estaba en buena relación con

Rusia, la mayor potencia europea. Hacía falta un embajador especial. El duque acepta el puesto, pero rechaza el sueldo de embajador y las dietas para el viaje. No los necesita. Le acompaña como secretario de la legación el escritor Juan Valera, que lo retratará en sus cartas.

De camino a Rusia cena con el emperador alemán, que se interesa por el ganado merino. El duque intenta contestar a todas las preguntas. Dos días después llegará a Berlín un tren con un rebaño de ovejas merinas, con sus pastores, su caporal y sus mastines. La explicación más exacta.

En Varsovia, donde por primera vez experimentan temperaturas de 20 grados bajo cero, un miembro de la delegación se acatarra y el duque lo cubre de tal modo de pieles que los perros se le echan encima creyendo que es un animal.

Se dirigen a San Petersburgo, donde se encuentra el zar.

El día que presentan credenciales atraviesan salones inmensos, que parecen reproducir la estepa rusa. Un secretario deja de contar pasos cuando lleva más de dos mil y aún no han vislumbrado el trono del zar.

El zar tiene unos ojos azules, como el hielo de un glaciar, que miran de un modo feroz. Se burla de los duques rusos. Dice que es grande aquel a quien él habla y solo durante el tiempo en que le habla.

El duque desprecia al zar. Desprecia a toda la aristocracia rusa.

En las fiestas de la corte las mujeres van tan alhajadas que no hay espacios libres de piedras y metales preciosos en la tela de sus vestidos y llevan sus restantes joyas en pequeñas vitrinas que portan una pléyade de niños que se mueven a su alrededor como satélites.

Por esos días el zar organiza una costosa expedición a Siberia para cazar un zorro azul muy escaso con el que hacer una capa a la reina. Cazan tan pocos ejemplares que las pieles solo dan para hacer una esclavina. Poco después el duque envía otra expedición mejor dotada. Con las piezas que cobran hace a su cochero un abrigo que le cubre hasta los pies.

En las estufas que mantienen una temperatura tibia en el jardín de invierno de su residencia arde todo un bosque de abedules de las afueras de San Petersburgo.

Una noche da una cena en una embarcación que navega por el río Neva. Al final arroja al agua la vajilla, toda de oro. Muchos aventureros morirán tratando de rescatarla.

El conde de Orloff tiene una cuadra con los mejores caballos de Rusia, cruces de caballos árabes y daneses, que hacen cuatro kilómetros en siete minutos tirando de un trineo. Uno de esos caballos tiene la estampa más bella que se ha visto nunca. Todo el mundo lo conoce en

San Petersburgo. Osuna quiere comprarlo. El conde se sonríe y le dice que no cree que el duque tenga dinero suficiente para comprarlo. Osuna calla. Un día el conde ha de salir de la ciudad. Osuna aprovecha y asedia a la condesa, que no tiene dinero de mano para sus gastos. Osuna le ofrece una fortuna por el caballo y le sugiere a la condesa que su marido la felicitará por el negocio. Cuando vuelve el conde, monta en cólera al enterarse. Quiere anular la operación. Va a casa del duque, que le dice que no se lo puede devolver porque el animal está ocupado. ¿En qué?, pregunta desconcertado el conde. Osuna le señala una noria cuyo mecanismo está accionado por un caballo que da vueltas. Un caballo con los ojos tapados por un pañuelo. El caballo.

Un día el zar da una recepción. Osuna llega algo tarde. Cuando entra en el salón no hay ningún asiento libre. Se quita la capa, de un paño extraordinario, ribeteada de piel de armiño, con numerosas condecoraciones y joyas prendidas. La dobla, la enrolla y se sienta sobre ella en el suelo. Al acabar la recepción el duque se marcha sin volver la vista. Un ujier le alcanza para devolverle la capa. Él le dice con desdén que un grande de España no se lleva el asiento.

Adora figurar, ser admirado y blanco de todas las miradas y conversaciones.

Asiste a todas las fiestas, visita todas las reuniones de todos los palacios. Se cambia siete veces al día de ropa. Apenas tiene tiempo de dormir.

En el palacio de la princesa Yusupov hay una orquesta formada por sesenta profesores de conservatorio que tocan en un salón que se encuentra a la distancia exacta para que en aquel otro donde se desarrolla la tertulia la música suene al volumen exacto para que no estorbe la conversación.

Cuando se va de Rusia solo lo lamentan las mujeres.

Él se considera un seductor. Pero una joven inglesa a la que visita a diario le pide que deje de verla. Con el tiempo acabará confesando que es el hombre más aburrido que conoce y que en las tres horas que duraba su visita ni uno solo de los días dijo nada interesante.

Se casa en Wiesbaden un cuatro de abril con María Leonor Crescencia Catalina de Salm-Salm.

Poco antes de que sus administradores le digan que está en bancarrota, da una fiesta en homenaje al futuro rey Alfonso XII. Todo en la fiesta es un homenaje al doce: doce son las parejas invitadas, doce los platos que se sirven, doce los discursos... Solo en un punto se ha apartado de esa cifra: cuando ve que el gasto alcanza los dieciséis mil reales, decide acrecentarlos hasta doce veces doce mil.

Cuando los acreedores le enseñan facturas y recibos, no los entiende. Cree recordar haber visto esos signos en remotos libros escolares.

A la puerta del palacio de las Vistillas tiene siempre una bandeja con monedas para llevar dinero de mano antes de salir a la calle. Solo coge las de oro.

Se hipotecan todos sus bienes.

Son sus administradores y sus apoderados quienes le hacen préstamos. Administradores y apoderados a quienes él sigue pagando como asalariados. Es su propio prestamista.

Un día un mozo de cocina se niega a servirle y el duque le cruza la cara con un guante. El gañán le devuelve un bofetón con la mano abierta que lo deja sentado en el suelo. El duque lo mira estupefacto. Es como una revelación, como un despertar a la realidad.

Muere en Bélgica, un viernes del mes de junio. Lo entierran en Osuna, adonde llega con hedor. La viuda encarga un sarcófago que obliga a desmontar entero el panteón familiar. Nadie puede hacer frente al importe. El iluso del escultor pone un pleito a la duquesa heredera. Todas las posesiones de la casa Osuna ya se han subastado. Los palacios han sido vaciados de muebles, cuadros, tapices, libros, vajillas, armaduras... Cuando arde el castillo de Beauraing, su última residencia, nadie entiende dónde agarran las llamas si solo hay paredes desnudas.

El Codex Calixtinus se detiene en la calidad de las aguas de los ríos que cruza el Camino. Advierte que no hay que fiarse del testimonio de los lugareños, que a menudo dan por buenas aguas venenosas, para saquear el cadáver y los bienes del peregrino. Hay un viajero del siglo XVI que hizo un inventario de fuentes que se hallan a menos de una jornada del Camino. Son fuentes con unas aguas sorprendentes. Una de ellas quita el hambre y requiere de varias horas para digerirla. De otra se puede estar bebiendo durante horas sin notar que el vientre se llene. En otras, en el ruido que hacen al correr, si uno está atento puede oír conversaciones del pasado, pero hay que conocer la lengua para entenderlas. Ambrosio de Morales dice que en Tierra Santa hay una fuente cuyas aguas proporcionan el don de lenguas. Él sostiene que de ellas bebieron los apóstoles antes de desparramarse por el mundo llevando el Evangelio. También dice que Santiago estuvo varios años trazando el camino que siglos después seguirían los peregrinos para llegar a su tumba.

Un escritor solo es el autor del libro. Quien lo ha escrito. Quiero decir que no tiene por qué ser quien más sepa de ese libro. Una vez el libro se independiza, cualquiera puede saber más de él que el autor. Incluso decir cosas más interesantes. ¿Sabía Cervantes sobre el *Quijote* más que Andrés Trapiello? Seguramente no. Trapiello puede saber por qué Cervantes escribió determinados capítulos de los que el autor lo único que sabe es que los escribió. O por qué emplea determinadas palabras o expresiones. O de dónde salen tales personajes. Algo en lo que el autor jamás pensó.

Se suele decir que un cuadro (sobre todo los de los pintores abstractos) que necesite una explicación para ser entendido y apreciado es un cuadro fracasado y que está más cerca de la literatura que de la pintura. Pero pienso en las detalladas explicaciones que da Goethe de los gestos de las caras y de las manos de los apóstoles en *La última cena* de Leonardo y me imagino lo que el propio Leonardo se demoraría en explicar en su día el significado de cada detalle de esa pintura, sus explicaciones sobre el momento exacto que está reflejando la obra. El salero caído, el dedo índice levantado, unas manos abiertas, una mirada baja, el color del pelo de cada discípulo, sus rasgos individuales... Todo daría pie a alguna explicación del autor. Unas serían más necesarias que otras (no se detendría, por ejemplo, en explicar la mano de Judas que agarra la bolsa). Realmente la comprensión más completa de una pintura se tiene que apoyar en la palabra.

Hace tiempo me contaron lo que había dicho Henry James cuando agonizaba como si fuese el colmo del refinamiento. Ahora lo vuelvo a leer, recogido en el diario de un poeta rancio que dedica la mitad de sus páginas a insultar a quienes no son como él. Entra en éxtasis al reproducirlo: "So this is it at last, the distinguished thing". ¿Distinguida la muerte? ¿Y eso es una manera elegante de referirse a ella? Es un tipo muerto de miedo por llamar a las cosas por su nombre. ¡La cosa distinguida! Hace falta ser memo.

Puede ocurrir que en el universo de los muchos mundos todo se bifurque y durante un primer momento se ramifique, pero que a partir de cierto momento esas ramificaciones vayan confluyendo, todas, al mismo resultado. Que los muchos mundos vayan desembocando en el mismo, en uno que es único. Que se ramifique en detalles irrelevantes, pero que cada vez que haya un suceso decisivo, significativo, ese no se ramifique, sino que todas las ramificaciones vayan a dar a él.

Lo importante no es saber si el universo es un mecanismo o un organismo, sino si es estúpido o no. Puede ser un organismo, pero cachazudo, estólido.

Saco dos pescados del congelador para que se descongelen. Poco a poco sus líneas rectas, angulosas, se van suavizando en curvas blandas, elegantes. Sentimos la belleza de la materia viva cuando está sujeta a la acción de la gravedad. La belleza de los cuerpos es una creación de la gravedad.

He recordado aquella tarde en que al hacer los deberes tracé una figura geométrica con una regla por primera vez. Trazar líneas rectas por primera vez. La primera vez que salían de mi mano unas líneas impecables, perfectas. Después esa experiencia quedó sepultada por millares y millares de rectas trazadas con regla, algo repetido, que se volvió común. Pero he recuperado aquella primera recta, el deslumbramiento, la revelación de aquellas líneas perfectas.

Recuerdo el viaje desde Asuán a Abu Simbel, por el desierto, un desierto que parecía estar ardiendo, aunque nada podía arder, solo había arena y piedras. Kilómetros y kilómetros de tierra amarillenta. A veces, tras algún repecho, quedaba a la vista un horizonte muy lejano, una extensión inmensa sin un solo vegetal. A partir de cierta hora el conductor empezó a dar cabezadas. Todos estábamos atentos a echar mano al volante cuando terminase por dormirse. En un punto se detuvo, sacó una alfombra, se arrodilló en ella y se puso a rezar en medio de aquel vacío. Cuando terminó, se frotó los ojos como si se los estuviese lavando y volvió al volante. A veces veíamos a la orilla del camino una persona, un joven, una mujer, que parecían dirigirse a algún sitio, y en cuanto los dejábamos atrás pensabas si no habría sido una visión, pues volvían los kilómetros y kilómetros de desierto, sin nadie. Un mundo en el que no había nada que pudiese arder y que sin embargo ardía, con llamas invisibles, como si hubiese otro sol debajo de la arena y estuviese a punto de emerger. Y otro sol arriba, un sol inmenso, que ocupaba todo el cielo.

30 días sin comer (Madrid: La Novela Mundial, 1928), de Joaquín Belda. Lo compré porque la cubierta es muy bonita (o a mí me lo parece). Pero qué mala novela. La literatura fantástica (o toda la literatura) consiste en imaginar con todo detalle situaciones irrealistas. Cuando Wells imagina a un hombre invisible o una aldea de ciegos, se pregunta cómo serían todos los detalles de esas vidas, de esos mundos, y nos los explica de manera convincente. Belda se imagina a un hombre que se mete en una urna para pasar treinta días sin comer y se imagina el bulto de la historia: el hambre que pasará en esos días. Pero no le preocupa estar atento a los detalles: que el hombre en ese tiempo deberá beber un poquito, que tendrá que hacer sus necesidades... Y debería plantearse que si en el día quince se encuentra dentro de la colchoneta sobre la que se apoya (antes de entrar le han registrado bien, para que no meta comida en la urna) unos ratones que tienen tres días de vida, hay que explicar cómo ha entrado la madre de los ratones en esa urna herméticamente cerrada. Pero la novela no es mala porque no explique estas cosas. Es mala por lo que cuenta e incluso por cómo lo cuenta. Todo es un poco idiota. Lo único que saco en limpio es que en esos años mucha gente debía de pasar mucha hambre. Los dibujos y la cubierta, preciosos, son de Barbero. De Joaquín Belda habla bastante el monovero José Alfonso en sus recuerdos del Madrid del cuplé. Se hace eco del mucho dinero que ganaba con sus libros, lo que para mí es incomprensible.

En el cine ha cambiado la forma de contar. Antes el director de la película no demostraba saber más de la historia que el espectador. Los dos iban descubriendo a la vez la historia. Los personajes incluso sabían menos que el espectador sobre lo que estaba ocurriendo (en eso consiste el suspense). Ahora el director te demuestra continuamente que sabe muchas más cosas de la historia que tú, espectador. Hasta los personajes saben más de lo que ocurre que el espectador. Continuamente nos preguntamos (sobre todo los de nuestra generación) por qué ese tío o esa tía hace lo que está haciendo. Lo entenderemos un capítulo o media hora después, cuando el director se decida a explicárnoslo. Antes los directores no cometían la descortesía de escondernos hechos, salvo en los géneros que lo requieren, como el policiaco. John Ford te iba mostrando todo lo que él sabía y buscaba emocionarnos a la vez que se emocionaba él. Otra de las características de la nueva forma de narrar son los saltos temporales. Continuamente se hacen *flashbacks* a distintos momentos del pasado para explicar cosas necesarias para entender la historia (esto se puede ejemplificar bien con *The English*, una serie inglesa sobre el Oeste). Es como saltar constantemente a otra historia. No sé si es impaciencia por pasar a otra cosa o incapacidad para mantener la atención en un mismo punto. Todos estos procedimientos también pueden servir para ocultar que el guion, la historia, es una simpleza.

Leo los artículos "legionarios" de Mircea Eliade, escritos en los años 1937 y 1938. Su lectura de la Guardia de Hierro es completamente mística. Para él la finalidad de ese partido es puramente espiritual. Religiosa. El ideal de los legionarios es sacrificarse por la victoria de Cristo; su finalidad, reconciliar a Rumanía con Dios. Al hablar de las revoluciones que están en marcha en ese momento, dice que la fascista y la comunista son violentas, sanguinarias. Y las contrapone a las revoluciones que hubo en Rumanía en el siglo XIX, todas ellas pacíficas. Continuamente habla de las aspiraciones místicas de los legionarios de Codreanu, de su espíritu de sacrificio, de su disposición a dar la vida en favor de un ser humano nuevo. "Hoy todo el mundo está bajo el signo de la revolución. Pero, mientras las otras naciones viven esta revolución en el nombre de la lucha de clase, y por que lo económico (el comunismo), o el Estado (el fascismo) o la raza (el hitlerismo) sean primordiales, el Movimiento Legionario ha nacido bajo el signo del arcángel Miguel y va a triunfar por la gracia divina" (este final es de un surrealismo daliniano). Sigamos escuchándole: "Por eso, mientras todas las revoluciones contemporáneas son políticas, la revolución legionaria es espiritual y cristiana"; "Creo en la victoria del Movimiento Legionario porque creo en la libertad, en el poder del alma contra el determinismo biológico y económico"; "Un movimiento que surte y se alimenta de la espiritualidad cristiana, una revolución espiritual que lucha, en primer lugar contra el pecado y la indignidad, no es un movimiento político. Es una revolución cristiana"; "La disciplina no es lo mismo que la dictadura, como dejan entender los calumniadores de la Legión. La disciplina acrecienta y promueve las personalidades, porque cada acto de introspección puede ser un acto de orden a ti mismo, una orden hacia tus instintos o hacia tus anarquías interiores"; "Solo el amor transforma a la bestia en ser humano, sustituyendo los instintos por libertad. El que ama de verdad es libre. Pero el amor transfigura la persona y la libertad que adquiere. Amando no va a molestar a nadie, no va a hacer sufrir a nadie". Yo no veo en estas palabras el odio desaforado de los nazis. No veo la exaltación de la violencia de los falangistas. No veo esas cosas por las que, según Norman Manea, en su famoso ensayo, Eliade debería haber pedido perdón. Sin embargo, sí que veo mucho odio en los ataques que le dirigieron muchos escritores a Eliade.

Son muchos más los libros que quiero haber leído que los que quiero leer. Aunque he leído libros de él, me gustaría haber leído todos los de Valle Inclán, por ejemplo, pero me da una pereza tremenda ponerme con los que me faltan por leer.

Es el año 1952 y se ha organizado un congreso de poesía en Segovia. Están Cela, García Nieto, Carlos Edmundo de Ory, José Luis Cano, Adriano del Valle, José Hierro, Ridruejo, Rafael Morales, Caballero Bonald, Dámaso, Panero, Rosales, los catalanes Riba, Marià Manent, Foix, Santos Torroella, el portugués Serpa, los ingleses Roy Campbell y Charles David Ley, y muchos otros. Una noche salen Caballero Bonald y Carlos Edmundo de Ory a beber por las tabernas de Segovia. Ory, profeta del postismo (un surrealismo tardío), autor de versos de una originalidad desconcertante, una especie de primera versión de Leopoldo María Panero, acostumbra a gritar sus consignas en los recitales poéticos más apacibles y tradicionales (hace unos días Julián Ayesta, que acaba de escribir *Helena o el mar del verano*, le ha neutralizado en uno de esos recitales con un grito aún más surrealista: "¡Madrid será la tumba del postismo!"). Cuando todas las tabernas están cerradas, Ory y Caballero Bonald siguen deambulando y alborotando por las calles de Segovia. Su conversación es disparatada. En una casa baja ven luz que sale de una puerta abierta. Suponen que es un burdel. Entran y al fondo de un pasillo se encuentran con una anciana amortajada sobre una cama estrecha y a una familia rezando alrededor. Es gente muy pobre. Se alumbran con velas, que proyectan unas sombras deformes, que, aunque todos están quietos, se mueven arriba y abajo, como amenazantes. Ory y Caballero Bonald salen a la calle en silencio. Vuelven sin hacer ruido a la pensión.

El amor es los Reyes Magos de los adultos: al cabo de los años te enteras de la verdad. Pero mientras creíste en ellos fue lo más hermoso de tu vida.

Ifema, 9 de la noche del 11 de marzo de 2004. Fuera del recinto, los familiares que han acudido a ver si consiguen noticias de los familiares de los que no saben nada desde la mañana, forman una larguísima y ruidosa cola, en la que todos descargan su nerviosismo hablando.

—Nosotros hemos ido a todos los hospitales. La llevamos llamando todo el día y no coge el teléfono. Estamos desesperados.

—Nosotras estamos igual. Aún le seguimos llamando. Igual lo coge en algún momento.

Dentro están los cadáveres, colocados en filas. Junto a ellos, mochilas, bolsos, carteras..., las pertenencias que se han podido rescatar, de las que salen timbres y diferentes sintonías de tonos de llamada, que se mezclan, formando un gran alboroto.

Siempre me han atraído más los libros desconocidos que los conocidos. De los conocidos hemos oído hablar tanto que sentimos que ya los hemos leído, que los conocemos bien, que no necesitamos leerlos, aunque realmente no los hayamos leído. Solo puede haber novedad, sorpresa, en los libros desconocidos.

En algunas anotaciones se advierte el dolor que le produjo la muerte de su hija, tan joven. El dolor y el sentimiento de injusticia. Casi le oímos preguntar cómo se puede creer que un mundo en el que una criatura tan maravillosa, tan pura, ha desaparecido entre dolores haya sido creado por un ser bondadoso. Y hay anotaciones en las que se puede apreciar el resentimiento que tenía por un Dios en el que no creía. Cómo, a pesar de que no creía en él (Él), se complace en insultarle. Cómo le habría gustado que existiera, para poder maltratarlo con la que él sabe que es su imbatible dialéctica, para echarle en cara su maldad, su hipocresía, para destruirlo. A veces la toma con sus seguidores, con sus adoradores, pero enseguida se da cuenta de que estos no le resisten ni medio asalto, no son adversarios de su talla, los desprecia. Y se dirige a Él. Y le llama idiota, y miserable, y malvado, y para hacerle el mayor daño posible le dice que ni siquiera existe. Parece que le oímos: "Eres torpe, hipócrita, malo, idiota, incluso feo. Y sobre todo, no existes, que es lo que más molesta a tu vanidad."

Desprecia a quienes urden historias que acaban bien. Siempre hace que sus historias acaben mal para mostrar su tesis: que todo conduce al desastre y todo acaba siempre en el caos y en el absurdo. Pero no se da cuenta de que ese caos y ese absurdo de sus finales es el mismo que el bien de los finales de sus contrarios. Unos y otros muestran un sentido, una dirección.

Empecé a leer a Ramuz porque Cunqueiro lo elogiaba en un artículo. Ahora veo que también Christian Bobin lo aprecia mucho. Recuerdo una escena muy dramática y muy delicada en una de sus novelas. Un campesino, casado con una mujer a la que adora, llega a casa un día antes de tiempo y no hay nadie. Ha nevado mucho y ve las huellas de unos pies pequeños, las preciosas huellas de su mujer, alejándose de la casa. No van hacia el pueblo, sino hacia la montaña. Las sigue. Ascienden por la ladera de la montaña. A veces se unen al camino y se mezclan con otras, pero es fácil seguirlas porque enseguida se vuelven a apartar del camino. Lejos, junto a un árbol, las pequeñas huellas de su mujer se encuentran con otras huellas, huellas grandes, de hombre, que vienen desde otro punto. Las dos huellas avanzan por la montaña, una al lado de la otra. Cada vez hay más nieve. Hay un punto en el que las huellas de su mujer desaparecen y las del hombre se hacen más profundas. En los tramos con menos nieve reaparecen las huellas de su mujer. El campesino deja de seguirlas cuando ve que se dirigen a un pajar.

Se puede considerar la historia de la filosofía como un viaje a la tristeza, con varios picos de máxima intensidad. Uno de ellos sería la doctrina de los idealistas, para quienes el mundo solo existe si hay una conciencia que lo observa. Es decir, no solo dejamos de ser y desaparecemos para siempre y no queda el más mínimo rastro de nuestro paso por el mundo (lo que en cierto modo es no solo una negación de que hemos sido, sino una afirmación de que no hemos sido), sino que el propio mundo desaparece con nosotros. No se queda la Luna ahí gritando la alegría de su existencia, no se quedan los colores de las flores, afirmándose, no se queda para siempre la materia, feliz de seguir existiendo, heredera de nuestra felicidad cuando existíamos. Qué doctrina tan lamentable.

La evolución se produce sin testigos. Cada salto evolutivo se da por primera vez en un embrión, es decir, en un casi no ser. Solo cuando se desarrolla, cuando se hace adulto el bicho, se pueden apreciar si trae novedades. La evolución ocurre a oscuras.

Sin duda nuestros sueños se elaboran en nosotros, pues están llenos de detalles de nuestra vida. Sin embargo, expresan ideas, pensamientos..., que muchas veces sentimos que jamás se nos habrían ocurrido a nosotros. Se elaboran en una parte de nosotros, que forma parte de nosotros, pero que está fuera de nosotros. Somos algo más que lo que sentimos o sabemos que somos. Es el gran descubrimiento de la psicología analítica. Hay un inconsciente colectivo, pero no es un depósito al que accedamos para extraer materiales, sino que son una serie de bridas que empaquetan el enjambre de la especie. Parte de nuestra identidad está fuera de nosotros. Y parte, muy fuera.

Dice Arsuaga, a través de Millás, que el glúteo mayor es el músculo más grande del cuerpo humano y que, sin embargo, no sirve para nada. No tiene ninguna función. Ni siquiera sirve de almohadilla cuando nos sentamos, porque en esa postura se abre y el cuerpo descarga su peso sobre los isquiones. Dice que solo le ve un sentido en la selección sexual. Los individuos elegidos para transmitir sus genes son los que tienen los culos más bonitos. Lo que yo me pregunto es por qué un culo firme, redondito, etc., nos parece bonito. ¿Nuestro sentido estético procede, aunque no seamos conscientes, de hechos que nos son favorables, útiles? ¿Nos parece bonito un paisaje con flores porque es el anuncio de una época de comida abundante? ¿No surgen los rasgos como innovaciones al azar y antes de que sean útiles moldean nuestro gusto y nos acaban pareciendo hermosos por su mera presencia? ¿O es la utilidad lo que determina nuestro sentido estético? ¿No será la geografía? Quizá el lugar condiciona nuestra actividad y esta crea el órgano. Y una vez que el órgano existe lo acabamos encontrando hermoso. En todo lo que existe encontramos belleza. El sentimiento de belleza está en nosotros antes de aplicarlo a cualquier objeto.

Después de leer algunos de sus cuentos, uno sospecha que Kipling perteneció a alguna sociedad secreta del tipo de la masonería, una sociedad laica y filantrópica cuyo objetivo es la fraternidad, la hermandad entre todos los miembros de la especie humana. Es verdad que eso no asegura que sus miembros sean gente inofensiva. Un grupo como la Iglesia católica, uno de cuyos fundamentos es el amor al prójimo, no solo ha participado con entusiasmo en guerras, sino que las ha promovido; por ejemplo, las cruzadas. Por eso no nos sorprende que un católico apoye una guerra: tienen una tradición, una inercia mental que le puede llevar a esa postura agresiva. Es algo casi inconsciente. Pero una sociedad secreta es diferente. La decisión de integrarse en ella es algo muy meditado. Interviene mucho la voluntad. No hay inercia mental. Y sin embargo, hombres como Kipling apoyan la guerra contra una nación que no solo es hermana como especie, sino como creyente, una nación cristiana. A lo que voy es a que el pensamiento consciente, explícito, de personas como Kipling, seres tan altos artísticamente, humanamente, intelectualmente, ha comprendido y decidido que para que el mundo funcione mejor hay que eliminar a determinadas personas.

Hay un pequeño fallo de técnica narrativa, relacionado con el punto de vista, que se repite en dos películas de Buñuel. En *Ensayo de un crimen*, como en *Él*, tanto cuando Archibaldo de la Cruz (en la primera) como cuando Gloria (en la segunda) están contando episodios del pasado, sale alguien que sabe algo que el narrador no puede saber que sepa ese alguien, porque no lo ha visto. Es una narración en primera persona, pero Buñuel cuenta como narrador omnisciente. En Él hay un momento en que Pablo, el criado, está siendo testigo de unos gritos, y eso lo está contando Gloria, y ella no puede saber que Pablo, que está solo, lo está oyendo. En *Ensayo de un crimen* pasaba lo mismo.

Increíblemente, una palabra tan corta como *mar* evoca con bastante firmeza y contundencia esa realidad física vasta y compleja a la que da nombre.

Estos días se ha hecho viral un vídeo en el que sale un joven africano desarmando a un atracador de un banco, en España, que amenazaba a los empleados con un cuchillo. El muchacho trabaja en la cocina de un bar y no ha parado de recibir felicitaciones y peticiones de entrevistas. Le preguntan si es verdad que el vídeo ha llegado a Senegal y que lo ha visto su familia y dice que sí, que le llamaron para decirle que le habían reconocido. ¿Y qué te han dicho?, le preguntan. "Que no les gustan las rastas que me he hecho". Eso es la vida real.

Hay personas que cuando son niñas parecen habitadas por un viejo. Y viejos que parecen seguir siendo niños. ¿Quién somos realmente durante toda la vida, el viejo o el niño? Últimamente, cuando miro a los demás veo al viejo por todas partes. Veo en el joven, incluso en el niño, al viejo que va a ser. Miro a un chico y veo a ese tipo egoísta, gruñón, feo, deforme, estúpido, ignorante, inaguantable, que lo habita. Todos lo acabamos siendo, cierto. Pero es que seguramente lo somos durante toda la vida.

La vida viaja en ásperos bólidos de piedra por el oscuro y hostil universo en busca de un apartado rincón donde asentar su pacífico y exaltado proyecto.

Somos un surtidor de sangre que no salpica, que asciende y cae en chorros que no vemos.

Dios nos pone a prueba mostrándonos un universo vacío, con distancias descomunales en las que no hay nada.

Cuenta el hijo de Cunqueiro, en un prólogo precioso, que en sus últimos días su padre se lamentaba de haber vivido para nada, de haber perdido el tiempo, o mejor, de haberlo despilfarrado, de haber podido hacer mucho más, y se preguntaba qué quedaría de su obra. Me recuerda lo que decía mi madre: Qué engaño es la vida. Creo que todos tenemos esa sensación de haber desaprovechado nuestros días.

Los sóviets que tomaron el poder en Rusia tardaron muy poco tiempo (cuando ya no pudieron ocultarlos) en llamar a los desfavorecidos, a los excluidos sociales, directamente *parásitos*.

Me acerco a una librería que tiene libros de segunda mano a la que hace tiempo que no voy y en la que siempre he encontrado algo interesante. En la calle tiene una columna giratoria en la que se muestran libros de bolsillo a dos euros. Ninguno me interesa. En una mesa tiene varias hileras de libros, todos a 1 euro, entre los que veo títulos de Caro Baroja, de Carlos Edmundo de Ory, de Ramón Carande, de Benet, de Fernando Quiñones, de García Pavón... Ediciones de los años 70, 80, 90. Algunos están editados en Sudamérica. Vuelvo a mirar incrédulo el cartel. Sí, están a 1 euro. Además están como nuevos. Sin leer. Cojo todos lo que me interesan. Veintiuno. Le pregunto al librero si tiene más. "Pfff... Ni te cuento. He comprado una biblioteca de más de diez mil. El viernes voy a sacar una mesa más grande con más libros." Me cuenta que es la biblioteca de un hombre que tiene alzhéimer y la familia tiene que vender la casa. Aquí hay libros, muchos, a los que se podría sacar un buen precio, si se vendieran de uno en uno. Pero tienen prisa. Tienen que desalojar el piso. Hay que vaciarlo. También el librero debe vender deprisa, pues no puede pagar mucho tiempo el almacén al que los ha llevado. No comprueba qué libros son esos. Los de autores que no le suenan, en editoriales desconocidas para él los pone a 1 euro. Los de Anagrama, Alfaguara, Seix Barral, Tusquets y otros los aparta y los marca a 3. Pero hay mucha incoherencia en su forma de marcar. Una reedición de Aldecoa está a 3 euros y una primera edición a 1. Le señalo al librero que la mayoría están sin leer. "Era un comprador compulsivo, se ve", dice. "Muchos están con el precinto." Vuelvo el viernes. Efectivamente la mesa que ha puesto es larguísima. Hay muchísimos más libros. Silvina Bullrich, Antonio di Benedetto, Walter Benjamin, Bataille, Brines, Cabrera Infante, Luis Mateo, Merino, Aparicio, la colección Biblioteca de Babel de Siruela, Ferrer Lerín, Kerouac, e. e. cummings, Musil, Joseph Roth, Torga, mucho Benet, García Hortelano, Pla, Harold Brodkey, Philip Roth, Saul Bellow, Richard Ford, Carver, Elena Garro, Osvaldo Soriano, Frances Yates, Giordano Bruno, Gómez de Liaño…, qué sé yo. Todos en primeras o únicas ediciones. Muchos de ellos ya los tengo. Aun así, cojo algunos de ellos (*Historia de un deicidio*, de Vargas Llosa, sobre García Márquez, uno de poesía de Sánchez Mazas, *Las cosas como fueron*, de Sánchez Rosillo, en Trieste). Le pregunto al librero si aún tiene más. "Muchos más. Todas esas cajas que están debajo de la mesa están llenas. Este hombre se gastó un dineral." Me reconozco en este hombre. Compartimos muchísimos autores. La mayoría están sin abrir. ¿Habrá la misma proporción, entre los míos, de libros sin leer? Yo diría que he leído muchos más que él, pero quién sabe. Entiendo que ese hombre comprase tantos, aunque no los leyese. No es solo que compres para cuando tengas tiempo. Comprarlos es adelantar el placer del momento de la lectura. Es en cierto modo haberlos leído. Pero una nota en uno de los libros me da la clave de la psicología de este hombre. Alguien le regala un libro y le escribe: "No creo que haya demasiadas cosas que una lectora pueda descubrir a otro lector. Quizá la de una pasión compartida por encima de cualquier otra, la pasión de leer. La que te dedica el libro está en franca inferioridad ante el lector-lector, solo pretendía, algo bastante difícil, dar con un libro del que no hubieras oído hablar." Me imagino que este hombre, porque en otros libros aparecen dedicatorias nominales y es un hombre, era un lector atento de suplementos literarios y se compraba todos los libros que recomendaban. No quería perderse nada de lo "imprescindible".

Habla Manuel Vicent, en ese divertido y muy interesante libro de conversaciones con Azcona y con S. Harguindey, del convento de las Descalzas, en pleno centro de Madrid, en cuyo huerto se cultivan unos tomates que comen los reyes y desde el que todo lo que se ve del mundo exterior es la parte más alta del edificio de El Corte Inglés. Las monjas que rezan en silencio están separadas por medio metro, lo que mide el muro del convento, de yonquis y delincuentes.

El pasado no ha muerto, dice Faulkner. Ni siquiera ha pasado.

Mi cautividad entre los indios, el relato de Mary Rowlandson sobre los meses que pasó cautiva de unos indios del este de América del Norte. El verdadero protagonista del relato es Dios. Todo el tiempo se pasa la cautiva encontrando pasajes de la Biblia que la consuelan en cada circunstancia adversa en que se halla (se ve que la Biblia tiene una frase para cada momento de cualquier vida; incluso encuentra un dicho del rey Salomón que resulta de lo menos espiritual que uno pueda imaginarse: El dinero lo resuelve todo) y explicando de manera razonable y lógica hasta los hechos más terribles como consecuencia del plan justo de Dios y de su buena voluntad. El otro gran protagonista del relato es el hambre. Un hambre que le lleva a comer de todo, hasta las cosas más repulsivas, que acaba encontrando exquisitas. Por su parte, los indios dice que comen todo tipo de animales (tortugas, serpientes, osos, ardillas, castores..., pero también pezuñas de caballos, huesos, intestinos de perros...) y de plantas (incluidas las raíces). En tercer lugar, los siguientes protagonistas son los indios (y las indias), sádicos, crueles, verdaderamente salvajes (aunque aclara que no abusaron de ella, ni lo intentaron). A mí me llama la atención la relativa libertad con que se movían los cautivos por los campamentos y sus aledaños y que los indios estos les permitiesen comerciar con los objetos que conseguían hacer (Mary hizo muchas prendas que intercambiaba por comida o por favores). Si yo escribiese su biografía la caracterizaría con este dato que quizá no sea tan insignificante como parece: era una gran fumadora.

Algunas tardes del verano que siguió a la muerte de su amo, Sancho sentía una gran desazón y se iba a la cuadra, desataba al rucio y se echaba al camino, que recorría por una orilla, como si acompañase a alguien que avanzaba por el centro. Muchas veces se llegaba hasta los molinos y los miraba largo rato desde la distancia y con el girar de las aspas se le iba ladeando la cabeza y en esa postura se pasaba la tarde, como si estuviese contemplando una escena que no podía dejar de mirar. A veces se acercaba lo suficiente a los molinos como para oír el zumbido de las aspas contra el viento. Una tarde aún avanzó más y vio en el suelo huellas de caballo y surcos que delataban señales de golpes en el suelo. Recordó una ocasión en que había caído una nevada y un bando de ocas surcaba el cielo de La Mancha. Una de ellas se separó del bando y bajó hasta el suelo. Dio unos pasos en la nieve, dejó sus huellas y volvió a alzar el vuelo tras el bando.

En el cole se aprendía a decir lo que los profes esperaban que dijeras. Primero aprendías qué es lo que querían que repitieras. Y después aprendías a repetirlo. No era lo que tú querías decir. Bueno, realmente tú no querías decir nada. Nunca te habías planteado que hubiese que decir algo. Sobre aquello acerca de lo que esperaban que dijeras algo, tú no habrías dicho nada. O no tenías nada que decir. No es que te enseñasen a fingir. Pero tú aprendías a fingir.

Esta colina de suaves laderas sobre las que crece este limpio césped es el basurero que tuvo Londres en el siglo XIX. Esos puntos en los que ves que están agujereando el suelo son excavaciones arqueológicas. Los datos que se obtienen son muy interesantes para conocer la historia menuda de la ciudad. Por ejemplo, se ha encontrado un estrato en el que han aparecido varios lagartos baleares, que estuvieron de moda en el Londres de los años 20 y 30, como consigna Walter Benjamin en uno de sus libros misceláneos. En otra capa han aparecido cabelleras de indios pieles rojas de las praderas. Corresponden al momento en que dejó de estar de moda coleccionarlas y pasaron a ser vistas como simples asquerosidades.

El cristianismo de San Pablo, que es el que se acaba extendiendo por toda la tierra, el de si no hay resurrección no hay nada, resulta un tanto grosero. Solo cree si hay un premio. ¿Y una religión que cante a la vida en sí, a la que le dé igual que haya o no un más allá, una vida eterna? El mejor cristiano quizá sea el que ama a Dios desinteresadamente, el que solo necesita saber que Dios es. El que no necesita recompensa. Es alguien muy cercano al ateísmo. Incluso le gustaría que no hubiese Dios, para que se vea que su amor es desinteresado de verdad.

Antonio López recomienda, para entender las dudas por las que pasa el pintor y todo el proceso creativo, la lectura del libro *Retrato de Giacometti*, de James Lord, en el que el autor cuenta las dieciocho sesiones en las que posó ante Giacometti para que este le hiciera un retrato al óleo y reproduce las cosas que decía el pintor. Quizá un pintor se sienta muy identificado con los cambios de ánimo del artista y con sus angustias ante el lienzo. Pero para un profano como yo es un libro realmente cansino. No entiendo cómo un pintor puede decir un día tras otro que no sabe pintar nada y de pronto entusiasmarse porque ve una solución. El libro reproduce, con las anotaciones de cada día, una foto del cuadro tal como lo dejaba tras cada sesión. Y aunque cada día borraba, o más bien destruía lo que había hecho el día anterior, yo lo que veo son dieciocho versiones muy parecidas, casi iguales, de un mismo cuadro. Yo no veo el desastre que según el pintor resultaba tras algunas sesiones. Ni el gran logro que decía alcanzar al final de otras. Me cansa que todos los días machaque con que no sabe pintar nada y que tiene que empezar de cero. Da la impresión de que se queja para que le refuercen y le digan lo bueno que es. Dice Lord: "El retrato ya no significaba nada como tal. Como cuadro tampoco decía mucho. Lo que sí tenía sentido y existía con vida propia era la lucha infatigable e interminable que Alberto había emprendido para expresar en términos visuales, y a través del acto de pintar, una percepción de la realidad que, por casualidad, había coincidido con mi cabeza". Con pasajes como este dan ganas de dejar de leer. ¿Está pintando a un modelo que está viendo y dice que el cuadro coincide por casualidad con el modelo? ¿Por qué ese afán de decir originalidades de los artistas modernos?

En el verano, cuando estábamos en Muelas e íbamos alguna tarde a Gramedo a ver a los primos de mamá (que eran como hermanos para ella), la abuela Sara (la madre de papá) le dejaba su burra para que no nos cansásemos en el camino, que hacíamos andando. La distancia no era grande, pero nosotros éramos muy pequeños. La primera vez que monté en la burra me llamaron la atención dos cosas: lo duro que era el cuerpo de un burro (el espinazo, sobre el que te sentabas, era durísimo y muy irregular, como el suelo) y lo alto que uno se veía al montar en un animal que no parecía muy alto (sentías que si te caías te podías matar). Cuando nos volvíamos a Muelas, Anesia quería colmar de regalos a mamá. Pero mamá solo aceptaba los productos pobres (garbanzos, judías, patatas...). Nunca cogía ni chorizo ni jamón ni nada de matanza. Anesia se enfadaba, pero a mamá le daba igual. Nunca transigía. Pasábamos la tarde en Gramedo (mamá hablaba con todos y se ponía al día) y antes de volver a casa Anesia conseguía que nos sentásemos a merendar. Mamá no comía nada. Si acaso, un trozo de tocino. Anesia cortaba trozos grandes de jamón y de chorizo y si mamá hacía ademán de sujetarle las manos para que no cortase tanta comida, ella se la sacudía furiosa, casi con violencia. "¿Qué crees? Ya no es como antes", decía Anesia. Nosotros comíamos aquel jamón y aquel chorizo, que estaban riquísimos, con toda inocencia. Con ignorancia. No entendíamos aquel duelo entre mamá y Anesia. Cuántas veces repitió Anesia aquello: "Ya no es como antes". Tardamos mucho tiempo en entender que se refería a la época en que la comida, especialmente la matanza, no alcanzaba para todo el año a una mujer viuda con cinco niños pequeños, y pasaban hambre. Un año el burro llevaba las albardas cargadas con alubias y garbanzos, y subiendo la cuesta de Llavayos se le doblaron las patas delanteras y se quedó en el suelo. Mamá, por mucho que tiraba de él, no conseguía levantarlo. "Se va a hacer de noche", decía, asustada, "y va a venir el lobo y se lo va a comer". Pocas veces la vi tan asustada. Por fin, en uno de los tirones, la burra se levantó, como si hubiese entendido que le interesaba levantarse. Llegamos a Muelas cuando casi era de noche.

En el barrio no había pobres. Quiero decir mendigos, gente que pidiese por la calle, pues pobres eran todas las familias, aunque nadie se reconociese en la palabra *pobre*. Pero a casa iba muchas veces a pedir una gitana, una chica muy joven que llevaba un niño de meses en brazos. Mamá siempre le daba algo. Comida, ropa... Pocas veces dinero. Hablaba mucho rato con ella, a la puerta de casa. Yo nunca la vi. Solo oía el rumor de la conversación. Cuando se iba, mamá entraba en casa conmovida. "Pobrecilla", decía. Nunca nos decía lo que le contaba la gitana. "Pero qué niño más rico tiene. Qué guapo es". Había una vecina que cuando veía a mamá haciendo caso a la gitana y dándole algo, le reprochaba: "Lo que esa mujer necesita no es caridad, sino justicia social". Mamá no le hacía mucho caso. No discutía con ella. "La justicia social que tengo a mi alcance es esta", le solía replicar mamá. A veces, cuando entraba en casa decía: "Justicia social, justicia social... Y mientras llega la justicia social, ¿de qué vive?". Un día vi que la gitana salía del portal después de hablar con mamá. "¿Ya se ha ido? ¿No pide en las demás casas?", le pregunté a mamá. "Nadie le da nada", dijo ella. Pero en su voz no había reproche. También entendía a quienes no le daban nada. A veces mamá contaba recuerdos de cuando era niña, en el pue-blo. A veces llegaba un pobre o toda una familia, que había tenido alguna desgracia (se les había quemado la casa, era lo más frecuente) o el hombre o la mujer había sufrido algún accidente que le había dejado impedido. La solidaridad no era voluntaria. Todos estaban obligados a ayudar. "¿Por dónde va la vela del pobre?", preguntaba el alcalde, lo que quería decir: ¿A quién le toca atender al pobre? Podía ser que fuese a él, al alcalde. Se le acon-dicionaba un pajar para pasar la noche y se le invitaba a entrar en casa a comer, a cenar o a lo que fuese. Al día siguiente el pobre seguía su camino, pues nadie tenía lo suficiente para soportar más tiempo la carga de otra boca. Siempre evocaba esos recuerdos, compadecida.

Yo me acuerdo a veces de los mendigos a los que he ayudado con una moneda diaria y con los que siempre hablaba un rato. En el pasadizo que conecta el metro de Retiro con el parque se ponía un hombre que se sentaba en un cartón y que no miraba a quienes pasaban por delante. Eran especialmente duras las mañanas de invierno en las que hacía mucho frío. Le solía dejar junto a los pies, en el cartón, algo para desayunar. Las primeras veces no dijo nada, quizá por pillarle por sorpresa. Poco a poco empezó a darme las gracias. Un "Gracias" solemne, bien alto, que resonaba por todo el túnel. La gente que pasaba se volvía. Yo procuraba no pararme. Me daba vergüenza. Pensaba que para él podía ser una humillación. No quería que pensase que quería hacerle sentir inferioridad. "¡Qué frío!", le decía a veces. Él hacía gestos de indiferencia que indicaban que aquello no era nada. "Ahora me voy a desayunar y entro en calor", decía él a veces. Me contó que era de Cuba, pocas cosas de su vida. Un día, al principio del túnel oí voces como de discusión. "¡Usted no sabe nada! ¡Todo es por culpa del doctor Leandro! ¡Es él quien me ha denunciado!". A medida que avanzaba me daba cuenta de que era él quien hablaba a gritos. Estaba solo. Cuando me vio se calló y me sonrió, como para desmentir su enfado. Poco después desapareció y no lo volví a ver. Quizá la vida en la calle lo había trastornado.

También me acuerdo de una mujer muy gorda que se ponía a la puerta de la iglesia de San Ginés. Muchas mañanas (daba igual que fuese invierno o verano) la encontraba armando el nido en el que pasaba casi todo el día. Primero ponía un zócalo, una peana de cartones que la aislaban del suelo. Después ponía un plástico y después una manta. Se sentaba sobre ella y se tapaba desde la cabeza con otra u otras dos mantas. Cuando llovía, ponía por encima de todo un plástico transparente. Componía una estampa impresionante, como de los tiempos de Velázquez. Hablaba con mucha gente y siempre contaba cosas de su hija. "Cuando me compre un piso vamos a vivir juntas. ¡Mi niña!". Un día la vi salir subiéndose el pantalón de los setos de la plaza de San Martín. Para que yo no pensase que había estado haciendo sus necesidades se apresuró a aclararme que era diabética y que se metía allí para pincharse. A la vuelta de un verano ya no estaba.

Éramos niños tan inocentes que muchas veces, cuando nos confesábamos, nos inventábamos pecados, o mejor dicho, confesábamos pecados que éramos conscientes de no haber cometido todavía, desde la última vez que nos habíamos confesado, pero que estábamos seguros de que íbamos a cometer. Eran pecados que adelantábamos. Siempre eran los mismos: He desobedecido a mis padres, he mentido, he dicho palabrotas... ¡Palabrotas nosotros!, que el insulto más grave que conocíamos era *desgraciado*, o *aborto*. La sensación de pureza que teníamos después de salir de confesar a veces duraba segundos, ni siquiera minutos. Cuando a la salida tus amigos te preguntaban qué penitencia te habían puesto, ya sabías por otras veces que si decías la verdad, un escaso padrenuestro, ibas a quedar como un ñoño, un nenaza, y exagerabas un poquito: tres padrenuestros y diez avemarías. Menos de eso era indecoroso. Muy poco viril. Acababas de salir limpio de la confesión y ya estabas sucio por mentir.

Un año llegó un chico que no había hecho la comunión. Anastasio, se llamaba. Los sábados nos acompañaba a misa y cuando salíamos nos preguntaba qué nos daban al comulgar. Le explicábamos que oblea, un pedacito mínimo de pan aplastado, una cosa insípida que no daba tiempo a degustar porque se deshacía en la boca antes de que te dieses cuenta. Pero un día el Gordo dijo: "Te dan un trozo del cuerpo de Dios".

Un sábado Anastasio nos acompañó a misa. Estuvo

más atento a todos los detalles que cualquiera de nosotros. Al llegar la comunión se puso en la fila. Todos vimos la naturalidad con la que abrió la boca y dijo amén cuando el cura le puso la hostia en la boca. Al acabar la misa le rodeamos y le preguntamos si se había confesado. Mediante gestos frenó nuestra impaciencia. Se metió dos dedos en la boca y sacó la hostia casi seca. "He estado drenando la saliva todo el tiempo. Está seca", explicó. Después la posó sobre la acera y la miró con atención. Cómo destacaba su blancura contra las baldosas del suelo. "Así que esto es un trozo de Dios", dijo, en un tono que no presagiaba nada bueno. La cogió y la guardó en una caja de cerillas vacía que se sacó de un bolsillo. Le explicamos que no se podía tocar con las manos. Que era pecado. No se inmutó. "Llamadme Aladino", dijo. Y se marchó. Al día siguiente reapareció, anunciando: "Lo he puesto a pelear con una escolopendra". Y sacó un frasco en el que la oblea se mantenía en pie, tiesa, apoyada contra el cristal del frasco. Apartada de ella estaba la escolopendra, enroscada, quieta. Esa bestia carnicera que despachaba a las lagartijas clavándoles dos uñas en el cuello (veías cómo a la lagartija le iba cayendo una telilla sobre los ojos) estaba inmóvil, muerta de miedo.

Todos los días nos enseñaba el frasco y cada vez el enemigo de Dios era diferente (una lagartija, un alacrán, una tarántula, una avispa...). Y siempre el bicho aparecía encogido, quieto, manso. La oblea no perdía su blancura. Incluso nos contó que durante la noche emitía un resplandor y que cuando dejaba el frasco sobre la mesita de noche tenía que ponerle un paño negro encima, para apagar su luz.

La lengua es el imperio del sentido. Todo lo que ocurre en ella o a su alrededor (la literatura) se orienta hacia un sentido. Todo lo verbal irradia sentido, aunque no lo pretenda. Incluso la literatura que desprecia el sentido, lo comprensible, que afirma que solo quiere investigar y que no sabe a dónde va, busca un sentido, aunque sea negativo. Desde la lengua es imposible salirse de él, como es imposible salirse de la sintaxis. Eso está reservado a quienes tienen lesiones cerebrales o a quienes no conocen la lengua. En esa búsqueda de un sentido consiste la transposición poética de la realidad que es la literatura, o eso que se dice a veces de que la literatura es una mentira que dice la verdad. La literatura no es una mentira. Es otra cosa diferente de la realidad. Lo que hace es proponer otra cosa (las palabras organizadas sintácticamente) como equivalente de la realidad, que no es verbal, y cuya sucesión de hechos no percibimos como sintáctica, con sentido. Es decir, la literatura, lo mismo que la lengua, aunque no lo intente, propone algo que es imposible que no tenga sentido. Digo sentido, pero podría decir otro equivalente. Alegría, por ejemplo.

Me he dado cuenta de que yo no tengo talento verbal. Leo la novela de un conocido, una novela que no me gusta nada, confusa, sin gracia, con una historia sin interés (para mí), y sin embargo me parece que él sí tiene talento verbal. El talento verbal consiste en que cuando ya no tienes nada que decir sigues hablando. En ser capaz de escribir párrafos, páginas, capítulos sobre lo que sea. En tener entusiasmo por hablar. En esos casos, todas las palabras sirven lo mismo. Yo voy eligiendo las palabras de una en una, penosamente, y cada elección supone el descarte de otras muchas. Yo cuando he dicho algo de una manera que considero clara (pues mi objetivo es decir lo que quiero de la manera más exacta y diáfana posible) soy incapaz de añadir ni una palabra más. No es que no quiera, es que no puedo. Voy como por una selva de palabras apartando muchas de las que me salen al paso. Considero que siempre hay una manera de expresar lo que uno quiere de un modo breve. Para el escritor o la escritora que tiene talento verbal la lengua, en literatura, lo es todo. Para mí la lengua es un estorbo.

Los niños han jugado toda la tarde con un caracol que han encontrado. En varios momentos han estado a punto de aplastarlo con una piedra grande. En unos juegos el caracol ha sido un monstruo, en otros un prisionero... Al final de la tarde vienen a buscar a los niños, que deben abandonar deprisa sus juegos. El caracol queda tirado en cualquier sitio. El animal aún siente la excitación de tanto ir de un lado para otro.

Un libro, si no está en papel, es como si no existiese. Y por otra parte no tener un libro es su primer paso hacia su inexistencia.

"Se maravilla uno de que la sabia Naturaleza haya producido tanto monstruo. El aire perplejo de los pingüinos con su especie de macferlán negro, andando despacio; los saludos de los osos blancos, que parecen demostrar un sentimiento afectuoso; los gritos de las focas; la serpiente de cascabel, que se acerca con su lengua bífida y va a dar con ella en el cristal de su cárcel si se acerca la mano; el pulpo, que parece una masa gris que está cambiando constantemente de color y que mira con dos ojillos negros y rencorosos. Todo esto, unido a tanto bicho raro —aves, mamíferos, reptiles y peces de una morfología absurda—, le deja a uno un poco sobrecogido".

Es imposible expresar mejor el estupor que produce el mundo animal. Y es mal escritor Baroja, ¿no?

En las vacaciones de verano, todas las mañanas salía y me sentaba en un extremo de mi callecita, una callecita corriente, sin nada extraordinario. La miraba y me concentraba en todo lo que se veía: aceras, árboles, coches, bloques de viviendas, gente que iba y venía. Después pensaba en lo que rodeaba todo aquello. Otras calles, el barrio, la ciudad, el país, el continente, el planeta, el sistema solar, la galaxia... Todo ese envoltorio, digamos, lo visualizaba de la manera más concreta posible. Y en ese viaje hacia lo que no era mi callecita, descubría lo único, lo extraordinario, lo maravilloso e irrepetible del pequeño lugar que yo ocupaba.